内向型

# I型さんのための
# 100のスキル

鈴木奈津美（なつみっくす）

BOW BOOKS

# はじめに

「静かで控えめな人が手を挙げて、驚いたよ」

とあるメディアの番組観覧に参加していた私について、尊敬する経営者の方は、このように表現されました。

番組観覧の最後に、「こんなに熱量が高い人が集まっているのだから、コミュニティを立ち上げたらどうですか？　誰かやりませんか？」と、司会の方から問いかけがありました。「なんとか現状を打破したい……」との思いが湧き上がって、思い切って手を挙げていたのです。私にとっては、清水の舞台から飛び降りるような、人生を変える大きな出来事でした。

「静かで控えめ」

内向型の私は、このように表現されることがあります。本書をお読みの方も、同じ経験があるのではないでしょうか。内向型の自分に悩んでいた時期は、言われてうれしい表現ではなかったのですが、今ではありがたく「褒め言葉」として受け取っています。なぜなら、静かで控えめだからこそ、内向型だからこそ、できることがあると気づいたからです。

さて、本書のタイトルは『I型さんのための100のスキル』です。I型さんと聞いてピンとくる方もいれば、そうでない方もいらっしゃるでしょう。I型というのは内向型のことを指します。これは13ページにあるMBTIからきています。MBTIというのは、心理学者のカール・ユングの仮説をもとにした性格診断テストで、その中で、内向型はI型、外向型はE型などと分類されています。若い人の間では、このI型、E型という表現が急速に広まっているようです。ただし、本文中では、従来の内向型という表現で説明しています。

## 外向型社会で「過小評価」され、もがいている内向型

現代は、どうしても積極的で「外向型」な人が目立つようにできています。学校でも、会社でも、物怖じせずに堂々と手を挙げられて、自分の言いたいことをハッキリと口にできる人が評価されるのではないでしょうか。一方で、静かで控えめな「内向型」の人は目立ちづらく、過小評価されやすい状況にあります。

私は後者の「内向型」の人間です。たとえば、美容院に行ったとき、初対面の美容師さんと話をするのが苦手で、寝たふりをしてしまいます。マッサージ屋さんに行ったときも、「頼むから話しかけないでほしい」と思いながら、寝たふりをしてしまいます。電車の中で、知り合いを偶然見かけたときも、気づかれるのが怖くて、寝たふりをしてしまいます。なので、よく

寝ている人と思われているでしょう。私がコアラを好きなのも、静かに寝ている姿に親近感を持っているからかもしれません。

遅くなりましたが、自己紹介をさせてください。

私、鈴木奈津美(なつみっくす)は、会社員、一般社団法人母親アップデートの代表理事として活動をしています。ひとりひとりが可能性を解放するキッカケをつくることを目的に、数百人の集まるコミュニティを5年間運営し、企業の組織開発やリーダーシップ研修などを展開しています。これまで実施してきたイベントは1000回を超えました。

こう言うと、もしかしたら社交的な人間のように聞こえるかもしれません。でも、実は小さい頃から静かで控えめで目立たない自分の特性に、コンプレックスを感じていました。

「自己アピールをしなくても、がんばっていれば誰かが認めてくれるはず」

そう思っていました。でも、気づけば何のキャリアアップもないまま30代中盤。焦りを感じ、社内異動にチャレンジするも、アピール下手で何度も失敗。

育休から職場復帰して3年経ったときに、襲われた閉塞感。と言っても、新しいことに挑戦する勇気も出ない日々。内向型の自分を無理やり変えようとして、何度も外向型の仮面を被ってみましたが、異動面接にも、転職活動にも挫折しました。

「なんで認めてくれないんだろう……」

そんな暗闇のトンネルから私を救ってくれたのが、「本」でした。著者と一対一で対話できる「本」は、内向型にとっては最愛のツールです。静かに自分の内面を見つめ、新しい自分に出会うことができるからです。本のおかげで、「内向型の自分を変えるのではなく、強みを活かせばいい」と気づいてからは、人生が好転していきました。

「本」をキッカケにアウトプットを始めて5年以上、様々な出会いにつながってきています。冒頭にお伝えした番組観覧に参加し、オンラインコミュニティを立ち上げることにもなりました。「私にはリーダーなんて向いてない」と思っていたので、自分でも驚いていますが、活動を継続して数百人の集まるコミュニティとなり起業。今では、組織開発の事業などに発展してきています。

なぜ、控えめで内向型の私がコミュニティを立ち上げ、運営しているのか。その理由も含めて、本編でお伝えさせてください。

## このままだと内向型が危ない。でも、可能性は無限大

実は、内向型の私にとって、本を書くことには大きな不安がありました。自分をさらけ出す

心理的ハードルに加え、恥ずかしさや恐れもあります。

では、そんな私が、なぜこの本を書こうと思ったのか。

理由は、2つあります。

1つ目は、情報量が多く、変化の激しい「オンライン時代」に、内向型が押しつぶされそうになっている「危機感」です。

ただでさえ内向型が、静かで目立ちづらいなか、「オンライン時代」には積極的な外向型がより目立つ状況がつくり出されます。特にSNSは顕著です。私自身、日々流れてくる情報に、「このままでいいのだろうか……」と、自己否定をしてしまっていました。変化の激しい状況に、焦りを感じている方も多いのではないでしょうか。

2つ目は、「オンライン時代」だからこそ、内向型の潜在能力を「強み」として活かし、「可能性」を広げていくことができるからです。

たとえば、テキストを活用したコミュニケーション力、人の変化を察知しづらいオンラインでの敏感力や観察力、一対一でじっくり関係を築いていく力、思考を深めていく力や集中力、長期的な信頼を得ていく誠実さ、ひとりひとりの強みを引き出せる力などなど。挙げればキリがありません。

これまでコミュニティ運営や組織開発、研修や講座などの活動を通じて、多くの内向型の方々と関わってきました。内向型の方がファシリテーションしてくれる会は、誰もが話しやすい空気が漂います。内向型の方がリーダーをしているチームでは、ひとりひとりが強みを発揮することができます。何より内向型の方々が自分の強みを活かし、幸せに生きる姿に、日々勇気をいただいています。

内向型の研究は数多くありますが、人口の二分の一、もしくは三分の一が内向型という結果が出ています。「これだけ多くの人たちが、まだ見ぬ自分の可能性を広げていける」と思うと、希望があふれずにはいられません。

## 本書で得られること

本書は、内向型コンプレックスだった私が、「内向型」の本を100冊近く読み、強みを活かせるようになった経験をもとに、ベスト100のノウハウを解説しています。私自身は研究者ではありません。だからこそ、これまで苦戦して試行錯誤してきた実践的ノウハウにこだわって、そのすべて詰め込みました。

ちょっとの工夫で、「新しい自分」を発見し、可能性を広げることができます。今すぐできる身近な実践方法を、図解やイラストを使いながら解説しているのが、類書との違いになります。具体的な章立ては、こちらです。

**【第1章　自分の「内向性」を受け入れる】**では、自分の内向性を理解し、肯定的に受け入れるためのステップを解説していきます。

①内向型の特性を知り、②思いこみに気づき、③プラス面に目を向け、④得意なパターンを見つけることで、内向性を前向きなエネルギーに変えていきます。

**【第2章　内向型が「ごきげん」でいる】**では、内向型が、もっと自分を知り、ごきげんでいる方法を解説します。自分の内面に向き合うのが得意な内向型だからこそ、新しい自分を発見することができます。

①ネガティブを味方にする　②心を整える　③ポジティブに変化をする、の3つの観点で探求していきます。

**【第3章　内向型が「人間関係」をつくる・深める】**では、内向型が人づきあいで可能性を広げる方法を、「人間関係」をつくる・深める、の2つの軸で解説します。内向型の人間関係の悩みは尽きません。でも、普遍的な解決策があれば、大丈夫です。

①人間関係をつくるための考え方や方法、②人間関係をより深めるための「話す・伝える」と「聞く」技術について探求していきます。

**【第4章　内向型の「働き方・キャリア」】**では、内向型の特性を活かしたうえで、よりよい「働き方・キャリア」を構築するための手法や戦略を見ていきます。

ＰＤＣＡ（Plan, Do, Check, Action）のサイクルを通じて、内向型が自身の特性を活かし、働きやすく、働きがいを感じながらキャリアを築く方法を解説します。

**【第5章　内向型が「リーダーシップ」を発揮する】**では、内向型がいかに優れた「リーダーシップ」の特性を持っているか、それをどうすれば発揮できるのかを見ていきます。

①「リーダーシップ」の考え方、②「チームワーク」の方法、③会議・フィードバック・プレゼン・交渉などの具体的なシチュエーション別で解説します。

**【第6章　内向型が「チャレンジ」する】**では、内向型の方々が「チャレンジ」する方法を見ていきます。

ここではＰＤＣＡサイクルの順ではなく、まず小さく始められること（Do）から実行し、小さな成功体験を積み重ね、振り返り（Check）ながら、改善（Action）し、次の計画（Plan）を立てる――このようなアプローチで、内向型が小さな「チャレンジ」を積み重ねて、結果的に大きなチャレンジにつなげていく過程をお伝えします。

どの章から読んでいただいても構いません。完読しなくても構いません。尊敬する経営者が、本を「料理のレシピ」と喩えていました。まさに、レシピのように、気になる章から読んでいただき、何か1つでも「活用」いただければ幸いです。

ひとりでも多くの読者が、新しい自分の可能性に気づき、ご自身の特性を活かすキッカケを提供できたなら、それに勝る喜びはありません。

## 「私ってI型？」診断テスト

「内向型（I型）」と「外向型（E型）」については、心理学者のカール・ユングによって広められ、その後、心理学や精神医学の世界で様々な研究がなされてきました。**「内向型」**とは、興味や関心が、自分自身の内面に向く性質のこと、**「外向型」**とは外界に向く性質のことです。

次の質問に答えることで、自分がどちらのタイプが強いかの傾向を診断することができます。

自分自身に当てはまる、もしくは比較的近いと思うものにチェックを付けてみましょう。

□疲れたら、ひとりでエネルギーを充電する
□話す前によく考える
□観察するのが好き
□何かをする前によく考える
□自分ひとりでいられる場所が好き
□人づきあいは、どちらかというと狭く深くしたい
□雑談が苦手である
□パーティー、懇親会などの社交の場が苦手である

□邪魔されるのが嫌
□どちらかというと話すより聞く方が多い、でも自分にとって重要なテーマはよく話す
□物静か、内気、恥ずかしがり屋、人見知り、引っ込み思案と言われることがある
□できるだけ人混みは避けたい
□たくさんの人と話すより、一対一や少人数で話す方を好む
□興味の範囲は狭いが、深く知りたがる傾向がある
□争いごとをできるだけ避けたい

※「内向型」の本をもとに質問を構成
※「内向型」と混同されがちな性質に「HSP（Highly Sensitive Person、感受性が強く敏感な気質を持った人）」があります。HSPの約70％が内向型と言われています。

半数以上にチェックが付いたら「内向型」の傾向が強いと言えるでしょう。半数程度であれば、両方の傾向を持つ両向型かもしれません。より詳しく知りたい方は、ユングの仮説をもとにした性格診断テスト（MBTI）を受けてみてください。「内向型」の定義は複雑で、いろいろなタイプがいるため、必ずしも、内気、人見知り、引っ込み思案とも限りません。自分自身や他者を理解する切り口として「内向型」をこれから深掘りしていきましょう。

※MBTIとはMyers and Briggs Type Indicatorの略称。1926年にユング心理学にもとづき、マイヤーズとブリュックス親子によって開発された。

もくじ

I型(内向型)さんのための100のスキル

## 第4章

# 内向型の「働き方・キャリア」 119

第5章

# 内向型が「リーダーシップ」を発揮する

第6章

# 内向型が「チャレンジ」する　219

## Book Guide

## I型さんのためのブックガイド

内向型の私を変えずに変えた本厳選50冊

第 1 章

# 自分の「内向性」を受け入れる

この章では、自分の「内向性」を受け入れる方法を見ていきましょう。

私が内向型の本を読みあさっていて気づいたのは、**ありのままの自分を受け入れる**ことが、幸せの一歩になるということです。「無理に外向型になろうとしなくていい」「内向型の自分のままでいい」というメッセージが、どの本にも並んでいました。

メルボルン大学の研究では、被験者の96%は「外向型は内向型な性質よりも価値がある」と考えていたそうですが、一方で**「自分の内向性に満足している人」は幸福度が高かった**そうです。

心理学者のカール・ユングは、1921年に人間は「内向型」と「外向型」の2つに分類できるという仮説を提唱しました。内向型で成功を収めた人は、数知れずいます。元・アメリカ大統領のバラク・オバマ、フェイスブック創業者のマーク・ザッカーバーグ、マイクロソフト創業者のビル・ゲイツ、物理学者のアルベルト・アインシュタインなどが有名です。

内向型が外向型より優れているという意味ではありません。**彼らは自身の「内向性」と正面から向き合い、自分の強みを活かしてきた**から成功できたのです。

『内向型人間のすごい力』（スーザン・ケイン 2015）には、「内向型が自分の能力を正当に評価するのがどれほど難しく、それをなし遂げたときにどれほどすばらしい力を発揮するか、私はこの目で見てきた。」と書かれています。

各項目について詳しくは後述しますが、**自分の「内向性」を受け入れるためのステップ**を示します。

## ①内向型の「特性」を知る

内向型と外向型には特性の違いがあります。客観的に内向型の特性を見つめます。私は「内向型」という切り口で自分を見つめ直すことで、自分の特性をより理解することができました。内向型のレッテルを貼るのではなく、中立的な視点で見ていきましょう。

## ②「思いこみ」に気づく

自分の「思いこみ」には、自分では気づかないものです。「思いこみ」とはメガネのようなものですが、色が付いていると、その色で見てしまいます。自分の強みを認識できなかったり、無意識のうちに自分の可能性にフタをしてしまったり、自分の枠から抜け出せないこともあります。自分の「思いこみ」を客観的に見て、気づく機会をつくりましょう。

### ③内向型の「プラス面」を知る

内向型にはプラス面とマイナス面の両方がありますが、プラス面に目を向けていきましょう。たとえば、独自の視点や観察力、深い思考力などが挙げられます。自分では、持っている特性に気づいていないこともあります。内向型の特性がもたらすプラス面を知り、受け入れていきましょう。

### ④「得意パターン」を知る

内向型の人は、自分なりの「得意パターン」を知ることで、自分自身をより受け入れやすくなります。自分にエネルギーを与えてくれる活動や興味、内向型の特性が活かせる場所や機会、人たちとの関わりを探しましょう。

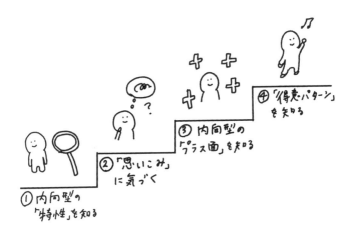

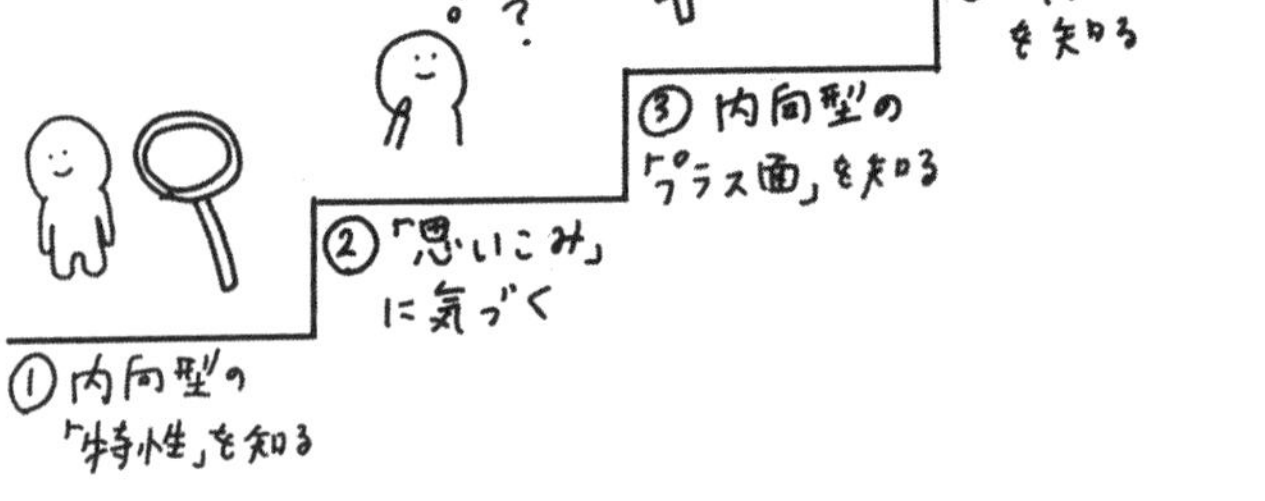

## 001

「これって、自分の問題なのかな？」と思うなら、

# 内向型の「特性」を知る

内面の声は、聞きたいと思えば誰でも聞くことができる。
誰にとっても、自分のなかにあるのだから。
『ガンディー　強く生きる言葉』（佐藤けんいち 2020）

**内向型と外向型の3つの「違い」から、内向型の「特性」を知る**ことができます。自分の「問題」ではなく、内向型の特性だと知ることで、気持ちが楽になるでしょう。

### ①「ドーパミン」の感受性の違い
### 内向型は感受性が強い／外向型は弱い

内向型はひとりや少人数を好みます。なぜなら、刺激に敏感だからです。心理学博士のペルペツア・ネオ氏によると、内向的な人は、外向的な人と比べて「ドーパミン」の感受性が強く、刺激に敏感であることが明らかになりました。「ドーパミン」とは、脳の中で情報を伝達している神経伝達物質の1つで、やる気や幸福感などに関わっています。

・大勢の人がいる場所だと疲れる／静かな場所が好き

### ②「脳の神経経路」の違い
### 内向型は長い／外向型は短い

『内向型を強みにする』（マーティ・O・レイニー 2013）によると、内向型は、外部から入ってきた情報を処理するための「脳の神経経路」が長く、複雑であると述べられています。そのため、見たり聞いたりしたことを自分で深く考え、分析したりする傾向があります。

・深く考えて、答えを出す／感情が外に出にくい／本質や意味にこだわる

### ③「エネルギー」の違い
### 内向型は内的エネルギー／外向型は外的エネルギー

ユングによると、内向型はエネルギーが自分の内側に向き、外向型は外側に向く傾向があるとされています。

・ひとりになりエネルギーを充電する／自分のやりたいことなど内発的動機に動かされる

002

「自分にはできない」と思うなら、

# 「思いこみ」に気づく

まずは、「うまくいかないだろう」という思い込みを解除すること。
それだけで気持ちがスッと楽になり、余裕をもって周囲を見回せるようになります。
『成功する人は心配性』（菅原道仁 2017）

「思いこみ」は、誰にでもあります。人は1日にたくさんの決断をしていますが、「思いこみ」によって、無意識に決断することができます。ケンブリッジ大学の研究によると、人は1日に最大3万5千回の決断をしているそうです。1回1回の決断に力を入れていたら、エネルギーが持ちませんが、「思いこみ」があるから成り立つのです。

ただし「思いこみ」には、デメリットもあります。自分の強みを認識できなかったり、無意識のうちに自分の可能性にフタをしてしまったり、枠から抜け出せないこともあるでしょう。

大切なのは、自分の「思いこみ」に気づくこと。自分を客観的に見て、強みに気づくことができれば、新たなチャンスをつかむことができます。

では、どうやって自分の「思いこみ」に気づくことができるのでしょうか。
『成功する人は心配性』（菅原道仁 2017）に書かれている次の方法が有効です。

## 自分の「思いこみ」に気づくには、魔法の言葉「〜と自分は考えている」と言ってみる

「うまくできなかったらどうしよう」と思ったら、こう自分に言ってみます。
「『うまくできなかったらどうしよう』**と自分は考えている**」

言い換えることで、考えている自分を別人格と捉えて、客観視することができるのです。たとえば、この本を書いている今も、「途中で書けなくなったらどうしよう」「本当に自分にできるのだろうか」と不安が尽きません。

その場合は、『途中で書けなくなったらどうしよう』**と自分は考えている**」と言ってみることで、不安な自分を客観視することができるのです。

不安を感じたときや、「自分にはできない」と思ったときには、**魔法の言葉「〜と自分は考えている」**と言ってみましょう。

003

自分のよいところに気づいていないなら、

# 内向型の「プラス面」を知る

内向的な性格には多くのメリットがあり、どれも注目に値するものばかりだ。
『「ひとりが好きな人」の上手な生き方』（ティボ・ムリス 2023）

内向型にはプラス面とマイナス面の両方があります。まずは、プラス面を知ることが重要です。私は、内向型のプラス面を増やすよう少しずつコントロールできるようになってから、仕事が楽しくなり、人間関係も好転していきました。ここでは、『内向型人間のための人生戦略大全』（シルビア・レーケン 2104）に書かれている内向型の代表的なプラス面をご紹介します。すべては当てはまらないと思われるかもしれませんが、まずは少しでも自分に当てはまるところを書き出していきましょう。

**①慎重である**

リスクに慎重になれる。深く考えることができる。深く長期的な信頼関係を築ける。

**②本質的なものを見出す**

受けとった情報を分析し、表面的なものではなく、本質的なものを見出す。

**③集中力がある**

1つのことに長時間集中することができる。

**④人の話を聞くことができる**

相手を観察し、相手の言葉に耳を傾け、本質を見抜くことができる。

**⑤落ち着いている**

外の刺激を求めず、心の「落ち着き」を大切にできる。精神的に安定している。

**⑥優れた分析力を持つ**

複雑な情報を分析できる。問題の解決策を考える、まとめるのが得意。

**⑦自立している**

周囲からの評価を得るためではなく、自分が正しいと思うことを行動できる。

**⑧辛抱強い**

目標に向かって粘り強く取り組むことができる。1つのことに専念できる。

**⑨書くことが得意**

十分考えてから言葉にできる。マイペースで自分を表現できる。

**⑩人の気持ちがわかる**

人の気持ちに寄り添うことができる。観察できる。人の気持ちに繊細である。

004

自分のプラス面を活かしたいなら、

# 「得意パターン」を知る

自分の強みや才能、長所、かけがえのない価値をアピールして輝くことができれば、子羊のように静かな人でも、誇り高いライオンの群れを率いることができる。
『「静かな人」の戦略書』(ジル・チャン 2022)

これまで「もっとコミュ力を」とか、「もっと愛想よく」とか、外向型の特性が求められるたびに悩んできました。

でも、人それぞれ得意なことは違います。場合によっては自分の得意なことだけではなく、不得意なことをやる必要も出てきますが、**自分の「得意パターン」を知っておく**と力を発揮しやすくなります。

私が実践してきた自分の得意パターンを知る方法を挙げます。

### ①これまでの成果に「プラス面」がどう活かされたかを振り返る

これまで達成した成果は？　小さなことでいいので、挙げてみましょう。

前章で書いた内向型のどんな「プラス面」が、どのように活かされましたか？

たとえば、私の場合はアウトプットを継続できた理由は、「本質的なものを見出す」「辛抱強い」というプラス面が活きたからだと思います。

### ②3人に「自分のよいところ」を聞く

自分のよさは、意外と自分では気づかないものです。周りの3人に「自分のよいところ」を聞いてみましょう。聞きにくいのであれば、「課題を出されて、周りの人に聞く必要があるので」と言って、聞いてみましょう。

### ③この本に書いてあることを「実践」してみる

「これは自分には合わないかも……」と思うことがあれば、逆にチャンスです。

今までの自分の得意パターンにはなかったものが、得意パターンとなる可能性があります。

たとえば、私の場合は、会議のファシリテーションやプレゼンなど苦手意識があったものも、実践してみると、自分なりの得意パターンがあることに気づきました。

実践してみなければわかりません。実践してみると、得意パターンが少しずつ見つかっていくでしょう。

第 2 章

# 内向型が「ごきげん」でいる

「これって、大丈夫かな……」など不安や悩みで頭がいっぱいになったり、「ネガティブ」な感情を抱えたりすることはないでしょうか。

実は、日常の中でしばしば訪れる「ネガティブ」な感情には効果があり、味方にできることを知っていますか？

この章では、「ネガティブ」の見方を変え、受け入れることで新たな可能性を発見します。自分の感情を整理し、自分にとって心地よい**「ごきげん」な状態でいる**ために、具体的で実践的な方法を解説していきます。

**①ネガティブを味方にする**

**ネガティブの見方を変えて味方にする**ことができます。ネガティブな感情との向き合い方、ダメな自分を受け入れることの大切さを見ていきましょう。

**②心を整える**

日々いろいろなストレスを感じることがあるかと思います。**ストレスと向き合いながら、心を整える方法**を見ていきます。たとえば、あらかじめ計画された「休憩」と「休暇」、日光浴、良質な「睡眠」、そして「瞑想」や「没頭」といった心のケアの手法は、内向型の方に特に適しています。

## ③ポジティブに変化をする

ネガティブを味方にしつつ、**ポジティブに変化**をする方法を見ていきます。

たとえば、自分の表情・態度・言葉を変えることで自分を取り巻く環境を変化させ、ポジティブな方向へ誘導することができます。また、自分を労る「スリー・グッド・シングス」や「感謝日記」、やらなければいけないことを手放す練習によって、自分で自分の「ごきげん」をとる方法を解説します。

これらの方法は内向型の方がネガティブを味方にし、日々の心を整えながら、ポジティブな変化をもたらす「ごきげん」な状態でいる手助けとなるでしょう。

**内向型が自分の「ごきげん」をとる**

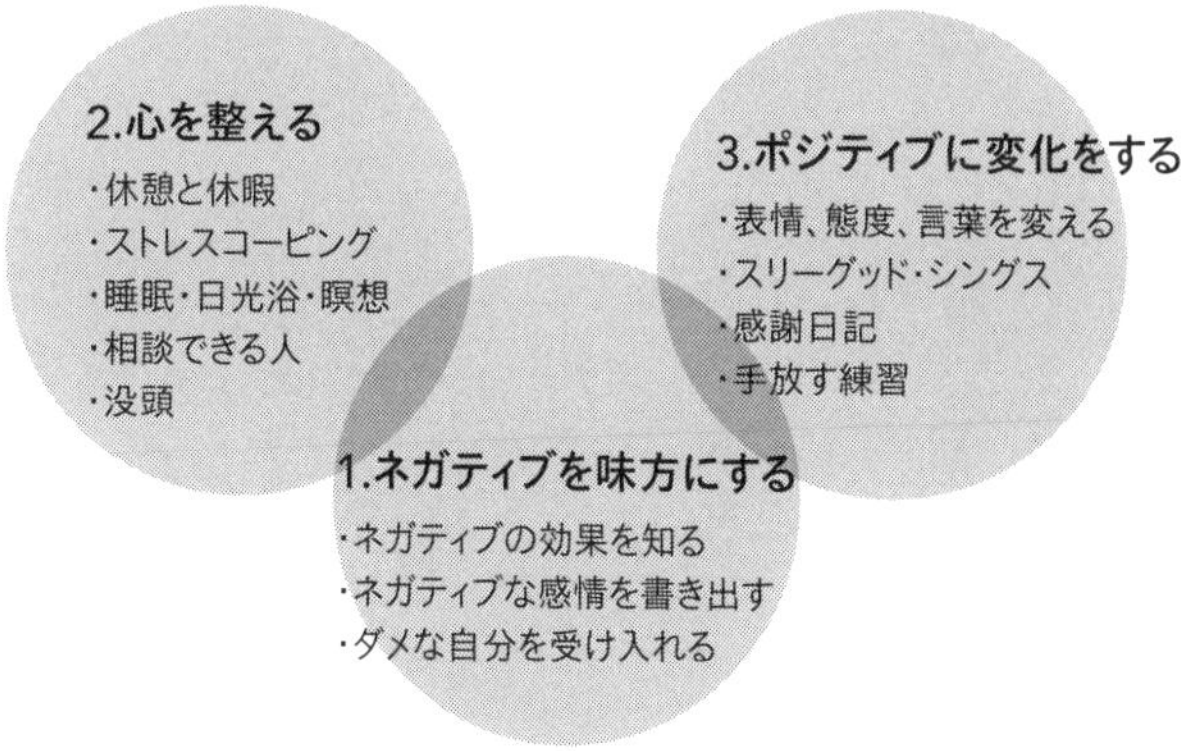
2.心を整える
・休憩と休暇
・ストレスコーピング
・睡眠・日光浴・瞑想
・相談できる人
・没頭
3.ポジティブに変化をする
・表情、態度、言葉を変える
・スリーグッド・シングス
・感謝日記
・手放す練習
1.ネガティブを味方にする
・ネガティブの効果を知る
・ネガティブな感情を書き出す
・ダメな自分を受け入れる

005

ネガティブになり自己嫌悪するなら、

# 「ネガティブ」の効果を知る

対処の一歩を踏み出さないから、ずっと「心配」なまま。
踏み出せば、リスク回避のための「心配り」になる。
『成功する人は心配性』（菅原道仁 2017）

まず、**「ネガティブを味方にする」方法**から見ていきましょう。

私は小心者だし、ちょっとしたことで不安になってしまうことがあります。

このように、ネガティブになってしまい、自己嫌悪することはないでしょうか。

内向型の本を読んで気づいたのは、**ネガティブな感情の効果を理解し、自分のネガティブな面を受け入れることの大切さ**です。

そもそも人に備わっている**不安や恐怖は、生命体として生き残るのに必要な感情**です。

人はポジティブな情報よりネガティブな情報に注目し、優先的に信じたり、強く記憶に残したりする傾向があります。この現象は**「ネガティビティ・バイアス」**として知られています。

たとえば、誰かに褒められてポジティブな感情になったことより、自分が傷ついたり悔しかったりしたネガティブな経験のほうが、より鮮明に記憶に残るでしょう。

この「ネガティビティ・バイアス」があるから、私たちは自分で自分の身を守り、**リスクを察知し、前に進む**ことができます。このネガティブな感情が、私たちの行動において重要な役割を果たしているのです。

実際、私の人生の転機も、「このままでいいのだろうか……」という漠然とした不安や、「このままでいたら悔しい……」というネガティブな感情によって、導かれました。

自分がネガティブな一面を抱えていることを受け入れ、その力を肯定的に活用し、行動に結びつけることが重要です。

『科学的に幸せになれる脳磨き』（岩崎一郎 2020）によれば、ネガティブな感情を受け入れ、その中からポジティブな面を見つけ出し、ネガティブな感情をうまく活用していくことが、より幸せで豊かな人生を歩む鍵とされています。

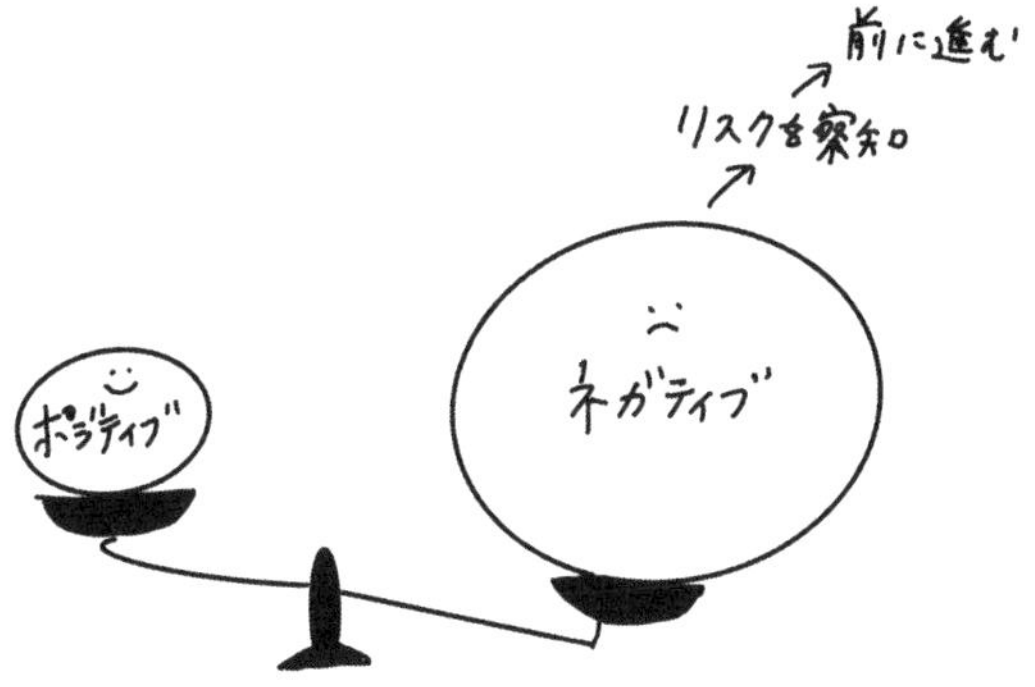

006

## 不安や悩みで頭がいっぱいになるなら、

# 「ネガティブ」な感情を書き出す

悩みが人間を大きくします。傷ついた心が優しい心をつくってくれます。悩むのは、次のステージに一歩踏み出すための大事なステップでもあります。
『ココロクエスト式「引っ込み思案さん」の教科書』（ねこひげ先生 2019）

不安や悩みなどネガティブな感情があることは、次の行動へのエネルギーになります。ただし、不安や悩みで頭がいっぱいになり、何も手に付かない状態になってしまっては、行動につながりません。

こういった状態から抜け出し、エネルギーにする方法があります。頭の中にうず巻く**ネガティブな感情を書き出す**ことです。これは**エクスプレッシブ・ライティング**（**筆記開示法**）として知られており、アメリカの社会心理学者ジェームズ・ペネベーカー氏らによって1980年代に開発された方法です。

**「ネガティブ」な感情を書き出すときのポイント**

・感情のおもむくまま自由に書き出す

・20分程度書いてみる
・3〜5日続けてみる

内向型にとって、書くことは自分と向き合える貴重な機会であり、習慣にしている人も多いことと思います。

私も不安やイライラを感じたときは、真っ白な紙を用意して、書き出します。誰に見せるわけでもないので、文章になっていなくても問題ありません。ありのままの感情を書き出すことで、次のような効果を感じられるでしょう。

## 「ネガティブ」な感情を書き出すメリット

・客観的に自分の感情を認識できる
・ネガティブを感じている自分を受け入れることができる
・次の行動を見出せることがある

最初のうちは、書いたあと少し悲しくなったり落ち込んだりすることもありますが、その感覚は1〜2時間で消えていきます。

007

「ダメな自分」が頭を離れないなら、

# 「ダメな自分」を受け入れる

あらゆる感情を穏やかにあるがままに受け容れていれば、自分の価値観を容認することができ、最終的には満ち足りた人生を送ることができるようになるという。
『内向的な人こそ強い人』(ローリー・ヘルゴー 2014)

「どうせ自分はダメなんだ……」という思いが、頭を離れないことはありませんか。

初めて法人を立ち上げたときは、うまくいかないことの連続でした。今思い返せば、初めてのことなので、うまくいかないことはあって当然だったかもしれません。でも、当時はそうは思えず、何をやっても空回りしていました。

頭から離れない「どうせ自分はダメなんだ……」という思いが、自分をますますイヤにさせ、負のサイクルに陥っていたのだと思います。

そのときに、様々なことを試してみたのですが、最終的にたどり着いたのが、自分の中にある**「ダメな自分」を受け入れる**ことです。

自分の欠点や弱みも引っくるめて、**「あるがままの自分」**を受け入れる。

「ありのままの自分」というよりも「あるがままの自分」の表現が、私にはしっくりきています。なぜなら、「あるがまま」って、「ある」に目を向けることだと気づいたからです。これが「自己受容」の一歩だったのです。


自分のネガティブな感情も否定せずに、一旦受け入れる。無理にポジティブになる必要もありません。『ミレイ先生のアドラー流勇気づけメンタルヘルスサポート』（上谷実礼 2020）には、自分の欠点や弱点も含めて許せるようになると、他者の欠点や弱点も許せるようになると書かれています。

「自分を大切にする」と「他者を大切にする」の両方がある状態が「自己受容」です。

まずは「ダメな自分」を受け入れてみましょう。

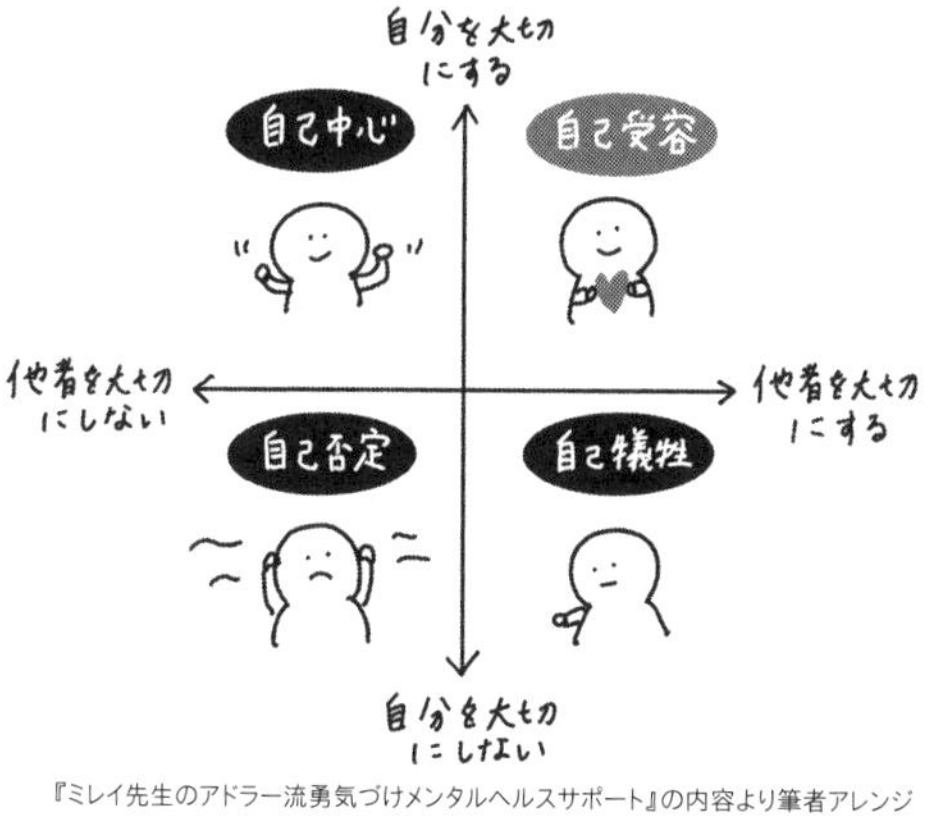

『ミレイ先生のアドラー流勇気づけメンタルヘルスサポート』の内容より筆者アレンジ

008

「休みたいけど、休みづらい……」となる前に、

# 「休憩」「休暇」を、あらかじめ計画する

「内向的な人の限度超過」に陥ったときは、周囲がどうであれ、
とにかく自分の考えから離れて、いったん休憩しよう。
『内向的な人こそ強い人』（ローリー・ヘルゴー 2014）

ここからは、**ストレスと向き合いながら、心を「整える」方法**を見ていきます。

「休みたいけど、休みづらい……」といった経験はないでしょうか。

エネルギーを消耗しやすい内向型の人にとって、効果的なアプローチは、**「休憩」や「休暇」をあらかじめ計画する**ことです。なぜなら、疲れたことに気づいてからだと、休みを取るのが難しいことがあるからです。「疲れたから、休もう」では遅いのです。忙しさや仕事に没頭する間に、疲労がたまり、自己ケアが後回しになることがあります。

どうしようもなくなったときに、**「トイレに逃げ込む」**ことが、内向型の本に多く書かれていて、共感しました。でも、このような状況をできるだけ回避するため、自分のエネルギーレ

ベルを把握し、いつ休みが必要かを事前に考えておくことが重要です。計画的に休みを取ることで、体と心のバランスを保ち、疲労を軽減し、パフォーマンスを向上させることができます。

休みを取る効果は、実感としてもありますが、科学的にも証明されています。国立衛生研究所が行った2021年の研究によると、**脳が新たなスキルを学ぶことを助けるのは「休憩」**であり、レオナルド・G・コーエン医学博士は「目覚めた状態での休憩は新たなスキルを学ぶ行為と同じくらい重要な役割を果たします」と述べています。

**内向型におすすめの休みの計画方法**

・年間の休暇予定を前もって計画する
・1ヶ月の中で「休み」の計画をする
・休憩時間をあらかじめ日中のスケジュールに入れておく

ポイントとしては、仕事場からできる限り離れることです。
休みをあらかじめ取っておくことで、内向型の人はストレスが溜まるのを防ぎ、日常生活をより快適に過ごし、心身の健康を維持することができるでしょう。

009

「イライラしているかも」と思ったら、

# ストレスを和らげる「コーピング」を実践する

勇気とは、自分の限界から目をそらさずに、自分の弱さと強さの両方に寄り添うことでもあるのです。
『敏感な人や内向的な人がラクに生きるヒント』（イルセ・サン 2018）

『実は、内向的な人間です』（ナム・インスク 2020）によると、内向性の強い人は通常、疲れやすい傾向にあります。自分ではストレスに気づかなくても、体はそれを感知し、サインを送ります。エネルギーがすぐに底をつくような状態で、燃費が悪いのです。燃料切れを防ぐために、燃料タンクをチェックし、ゆっくりと前進し、必要に応じて補充することが不可欠だと言われています。

ストレスをゼロにすることはできないでしょう。ですから、ストレスに対処する方法を持っていることが重要です。ストレスに対して、どんな気晴らし方法や対処を行えば効果的か、具体的な行動をリストにしたものを**「コーピングリスト」**と言います。「コーピング」とは「適切に対処する」という意味で、メンタルヘルス用語の１つです。自分なりのストレスを和らげる行動を、箇条書きで書くだけです。

### ストレスに対処する「コーピングリスト」のつくり方

**①ストレスを感じていないときに書き出す**
**②たくさん書き出す**（100個くらい）
**③時間とお金をかけない具体的な行動にする**

コミュニティのメンバーのひとりのユウカさんが、ストレスを和らげるリストをつくる会を開催してくれたことがあります。そのときに私が書いた例をご紹介します。

（例）ハーブティーを飲む。散歩をする。読書をする。お気に入りの音楽を聴く。人に褒めてもらった言葉を読み返す。コアラの動画を観る。深呼吸をする。コンビニスイーツを食べる。

「ストレスを感じているかもしれない」「イライラしているかもしれない」と感じたら、感情を抑える必要はありません。代わりに、自分が作成したリストから対処法を選んで試してみましょう。小さなストレスが積み重なると、大きなストレスに発展することがあります。小さなストレスに気づき、積極的に和らげていくことが大切です。

010

なかなか疲れがとれないなら、

# 良質な「睡眠」をとる

自分にとってちょうどいい睡眠のリズムを知り、
それに体を休めるタイミングを合わせる努力をしてもいいと思う。
『内向型のままでも成功できる仕事術』（モラ・アーロンズ・ミリ 2018）

日々やることに追われていると、時間がいくらあっても足りない気持ちになります。知らぬ間に睡眠時間が削られてしまっていることはないでしょうか。

でも、毎日の活力を維持するためには、質の**よい「睡眠」を十分に確保する**ことが必要です。内向型の人たちは、外部の刺激に鈍感であり、その結果、エネルギーを消耗しやすい傾向があるからです。

私自身「夜遅くまで頑張っているのが、えらいことだ」と思って、睡眠時間を削っていた時期もありました。でも、睡眠不足になると、パフォーマンスが出ない、疲れが取れない、ストレスが溜まるなどの弊害があったのです。

長時間にわたる夜更かしの代わりに、睡眠をとることが、生産性を高める道であることに気づきました。特に内向型の方々にとって、よい「睡眠」は貴重なエネルギー源です。

ここでは、よい「睡眠」をとるポイントを紹介します。

**①夕方以降はカフェインをとらない**

カフェインは覚醒作用があり、夜更かしを引き起こす原因となります。『睡眠こそ最強の解決策である』（マシュー・ウォーカー 2018）によると、カフェインの効果が完全に抜けるまで8時間かかると指摘されています。

**②寝る前にお風呂につかる**

お風呂につかることでリラックスを促進し、出たあとに身体の芯の温度が下がり、質のよい睡眠につながります。

**③いつも同じ時間に寝て、同じ時間に起きる**

規則正しい睡眠スケジュールを維持することは、体内時計を整え、質のよい睡眠を助けます。

これらのポイントを実践し、よい「睡眠」をとり日中のエネルギーを向上させましょう。

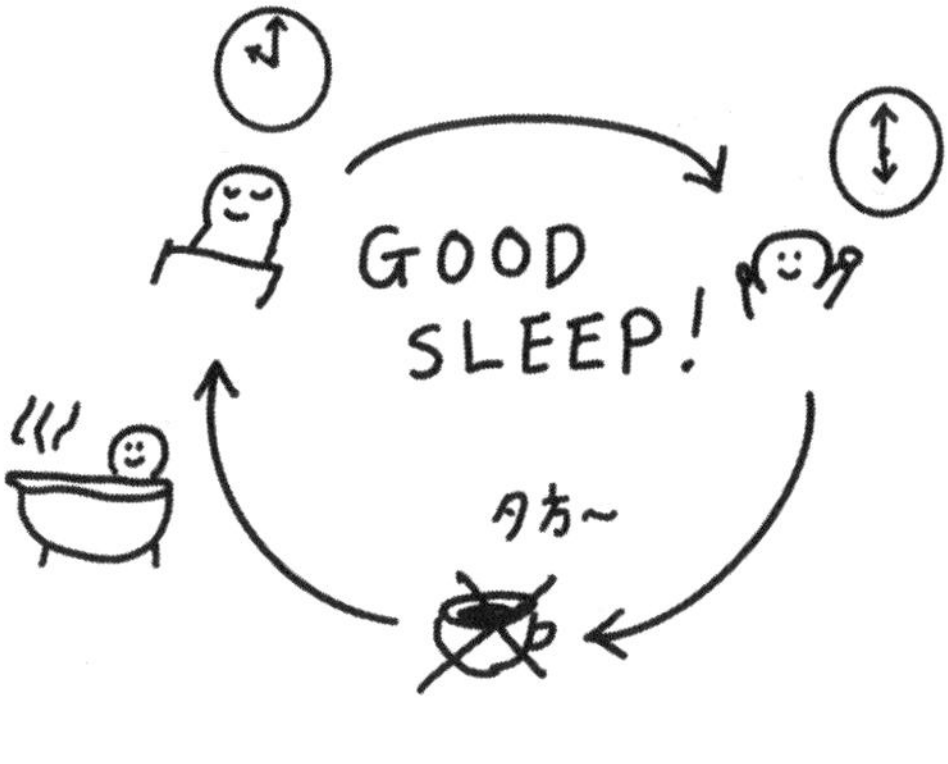

011

## 憂鬱な気分になっているときは、
# 日光を浴びる

幸せとは、憂鬱な感情さえも人生の一部として認め、ありのままに生きることで得られる総体的な満足感だとも言えるかもしれない。

『実は、内向的な人間です』（ナム・インスク 2020）

憂鬱な気分になっているときは、何をするのがよいでしょうか。

内向型の人は、頭の中で同じ考えがぐるぐる回り、内に閉じこもってしまうことがあります。このような状況に対処する1つの方法は、外に出て**日光を浴びる**ことです。

『実は、内向的な人間です』（ナム・インスク 2020）によれば、憂鬱な気分に陥ったときにすすめられるが侮ってしまいがちなアドバイスとして、「散歩」や「日光浴」が挙げられています。

憂鬱な気分になると、「家にこもろう、外出は避けよう」と考えがちですが、これが逆効果となり、ますます憂鬱な気分になってしまいます。

日光浴をしないと、よりストレスを感じやすくなります。なぜなら、脳内での重要な神経伝達物質であり**「幸せホルモン」**としても知られている「セロトニン」が不足してしまうからです。「セロトニン」は、日光浴、運動、栄養バランスのよい食事によって分泌が促進されます。不足すれば、普段は気にも留めないようなことが気になり、気分が低下することもあるでしょう。

日光浴を習慣に加えましょう。たった**15〜30分の日光浴**は、メンタルヘルスの向上に貢献します。

最も重要なのは、憂鬱な気分に気づいたときに、早めに対処することです。

毎日同じタイミングで「今、私はどんな気分？」と定期的にチェックすると、気分の変化に気づきやすくなるでしょう。

**日光を浴びるメリット**

- セロトニンが分泌され、ストレス解消につながる
- 朝の日光浴は体内時計を調整し、睡眠の質を向上させる

012

# やらなきゃいけないことで頭がいっぱいなら、「瞑想」をする

瞑想をすれば、思考や感情の洪水に流されずにすむ。
川べりに座って荒れ狂う激流を眺めながらも、流れに呑み込まれずにいることができる
『内向的な人こそ強い人』（ローリー・ヘルゴー 2014）

『幸せになりたい女性のためのマインドフルネス』（ヴィディヤマラ・バーチ 2019）によると、人は1日に平均3万～7万回も思考を繰り返しているそうです。驚くべきことに98％はすでに考えたことの焼き直しで、70～80％はネガティブな性質のものだそうです。

日々様々な情報やタスクに追われて、頭がフル稼働している状態が続くと、疲れが溜まるのは避けられません。脳の処理プロセスが長く、こうした状態に陥りがちな内向型の方におすすめなのが、**「瞑想」**です。

グーグルが社員研修に導入したことでビジネスパーソンの中でも有名になった「マインドフルネス」。前掲書には、「瞑想」と「マインドフルネス」の関係について、このように書かれています。

・**「マインドフルネス」**とは、今この瞬間をありのままに受け入れる「意識の状態」です。
・**「瞑想」**は、そうした意識を育てるための「プロセス」であり「トレーニング」です。

最初は「マインドフルネスが流行っているけど難しそうだな」と思っていました。でも、スキマ時間に自分のペースで5分でもできればよいと知り、気がラクになったのです。

ここでは『ココロクエスト式「引っ込み思案さん」の教科書』（ねこひげ先生 2019）に書かれている方法をご紹介します。

### 呼吸を整える瞑想

・背筋を伸ばして座る
・鼻からゆっくりと息を吸う
・吸いきったら、できるだけゆっくり鼻から息を吐く

朝起きてすぐの時間や、日中の休憩時間や、夜寝る前など、5分取り入れるだけでも頭がすっきりとする感覚を得られるでしょう。

013

## 自分ひとりで解決できないなら、相談できる人を持つ

思考をリセットして事実を認識するためには、つらい状況を正しく認識させてくれる、洞察力に富んだ指南役やメンターも必要な存在だ。
『ひっこみ思案のあなたが生まれ変わる科学的方法』（アンディ・モリンスキー 2017）

「まわりの人に相談せずに、自分ひとりで解決したい……」

内向型の人は、ひとりで考えこむことが多く、ひとりで問題を解決しようとする傾向があるように思います。

けれども、**相談できる人を持つ**ことは重要です。誰かと自分の考えや感情を共有し、協力して問題に取り組むことで、新たな視点やアイデアを得ることができるからです。他者のサポートを受けることで、困難な状況を克服し、成長するチャンスをつかむことができるでしょう。

では、相談できる人を持つには、どうすればよいでしょうか。

友人や家族に相談することも1つの方法ですが、**コーチなど専門家に相談する**ことにも多く

のメリットがあります。

内向型の友人のアイさんは、**有償のサービスを利用する**ことで気兼ねなく相談ができると言います。内向型にとっては、誰かに何かをお願いするのにハードルを感じてしまうからです。

『内向的な人のためのスタンフォード流ピンポイント人脈術』（竹下隆一郎 2019）によると、誰かになんとなく相談するのではなく、コーチに相談することの大切さが述べられています。終身雇用型の会社が崩れつつある中で、職場の人と深い関係を結ぶのも難しくなってきます。したがって、コーチに相談することは、目標設定や問題解決に有効な手段となってきているのです。

私自身も、数年前から月に一度コーチに相談する機会をつくっています。目標設定や振り返りをひとりで行うのが難しい場合でも、適切な質問を投げかけてもらうことで、新たな視点や気づきが得られています。

### 専門家に相談することのメリット

- 利害関係がないので、自分の考えや感情を気兼ねなく打ち明けることができる
- 問題解決や目標達成に向けて、具体的なアクションプランを策定する手助けが得られる
- 自分の強みや課題を客観的に見つめることができ、自己理解が深まる

014

## ネガティブをポジティブにしたくなったら、

# 「没頭」する

人生の究極の目標は「上機嫌」である　～中略～
没頭している時間を増やすことで、誰にでも実現できるんじゃないかと思うんです。
『没頭力「なんかつまらない」を解決する技術』(吉田尚記 2018)

お笑い芸人・オードリーの若林正恭さんが書かれた本、『社会人大学人見知り学部 卒業見込み』には、「ネガティブモンスター」という章があります。

若林さんは、小さい頃から「考えすぎだよ」と言われていたそうです。わかっていても、自分ではどうしようもない。休息のために行った旅行先でも、心の中に「ネガティブモンスター」がくっついて来たと書かれています。

そこで、若林さんは**「ネガティブ」をなくすには「ポジティブ」ではなく、「没頭」が効果的**だと気づいたそうです。ネガティブな考えに囚われてしまうのは「暇」だからで、考える隙間がないくらい何かに「没頭」すればよいのだと。

集中力が高い内向型の人にとって、「没頭」はお馴染みかもしれません。この「没頭」の状態は、一般的に「フロー」として知られており、不安を感じる余地がありません。たとえば、私の場合は、資料の作成、ブログの執筆、読書などに没頭することがあります。内向型の人たちの中には、ものづくり、絵を描くこと、文章を書くこと、ゲームなどに没頭する人もいます。

アメリカの心理学者・チクセントミハイは、著書『フロー体験 喜びの現象学』の中で、「フロー」を経験するためには、**行動の難易度と個人のスキル**の調和が必要である」と説明しています。

人は、自分のスキルに対して難易度の高すぎるものに取り組むと「不安」になり、低すぎると「退屈」になります。

自分のスキルに対して適切な難易度のものに取り組んでいるとき、人は最も集中するのです。自分なりに「没頭」できることを見つけておきましょう。

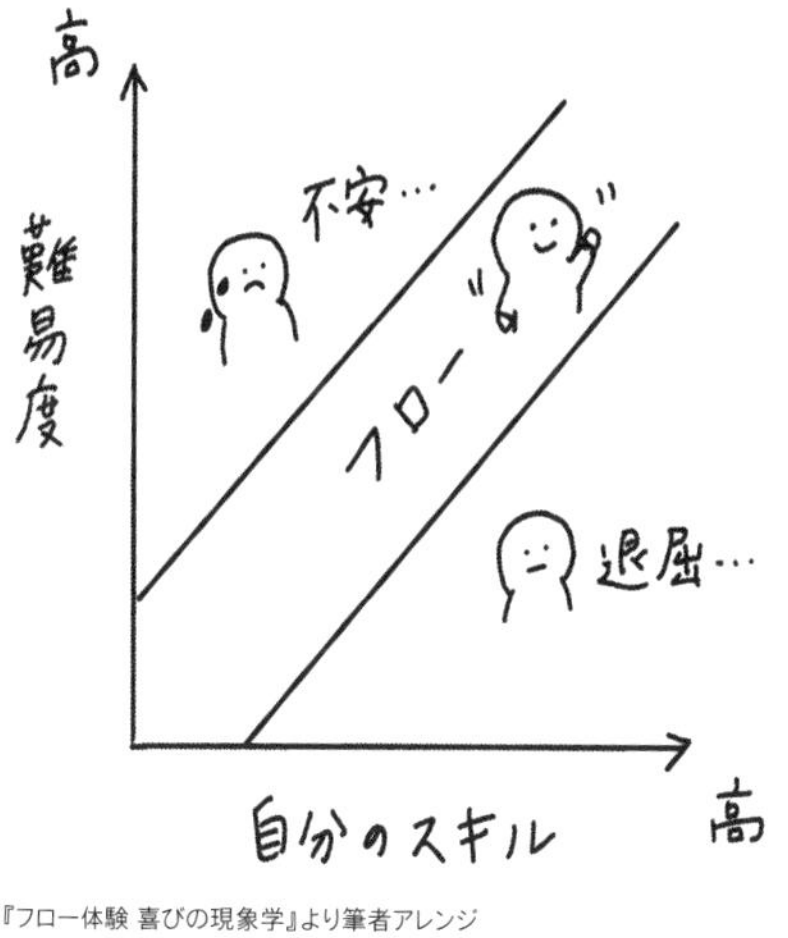


『フロー体験 喜びの現象学』より筆者アレンジ

015

他人に振り回されてしまうなら、

# 「表情」「態度」「言葉」を変えてみる

上機嫌でいることができれば真の強さを手にできます。
要するに、まわりの感情に流されなくなるのです。
『ココロクエスト式「引っ込み思案さん」の教科書』（ねこひげ先生 2019）

ここからは、ネガティブを味方にしつつ、**ポジティブに変化**をする方法を見ていきましょう。

人の心の状態には、大まかに**「ごきげん」と「不きげん」**の2つの種類があります。

できるだけ、いつも「ごきげん」でいたいものですが、日々の情報や出来事に私たちは勝手に意味づけをし、「不きげん」な状態に陥ることがよくあります。これは、私たちが自己防衛のために不安という感情を持っていて、その感情が繊細に作用するからです。

たとえば、雨が降っている、電車に乗り遅れたなど、ささいなことから「なんてツイてないのだ」と、「不きげん」になることも、人間としての本能に由来するものです。

**「ごきげん」にするもしないも、自分次第**です。「ごきげん」でいたら、余裕が出て、人に優しくなれたり、よい判断ができたり、自分が持っている本来の力が出せたりします。

## 自分を「ごきげん」にする3つの道具

『ココロクエスト式「引っ込み思案さん」の教科書』（ねこひげ先生 2019）では、「ごきげん」でいるためのトレーニングがすすめられています。つまり、「ごきげん」もトレーニングすることで鍛えられるのです。また『自分を「ごきげん」にする方法』（辻秀一 2013）によると、私たちが**自分を「ごきげん」にするための道具は3つある**とのことです。

**①表情**↓笑顔をつくる。無理せず微笑むだけでもOK。
**②態度**↓しんどいときこそ、背筋を伸ばすなど姿勢を整える。礼儀正しさも忘れずに。
**③言葉**↓何か嫌なことがあったとしても「ラッキー」と言ってみる。自分がごきげんになれる言葉を意識的に使う。

これらの3つの道具「表情」「態度」「言葉」は、自分で自由に変えることができます。自分を「ごきげん」にするトレーニングをしましょう。

『自分を「ごきげん」にする方法』より筆者アレンジ

016

「なんかいいことないかな」と思ったら、

# 「スリー・グッド・シングス」を書く

内向型人間はあらゆる感情や感覚が敏感に発達しているため、外向型人間ならスルーしてしまう小さな幸せを感じることができる。

『実は、内向的な人間です』（ナム・インスク 2020）

「なんかいいことないかな……」

そう思うことはないでしょうか。実は日常にいいことは転がっているのに、なかなか気づけない。ここまでお話ししてきたように、人はネガティブなことに目がいってしまうものです。

日常のよいことに気づく方法として、**「スリー・グッド・シングス」**というアプローチがあります。この方法は、心理学者のマーティン・セリグマン博士が提唱したもので、『ココロクエスト式「引っ込み思案さん」の教科書』（ねこひげ先生 2019）でもすすめられています。

そのやり方はとても簡単で、**「寝る前にその日に起きたよいことを3つ書き出す」**ことです。

セリグマン博士の調査では、1週間継続すると幸福度が上がったそうです。

夜はリラックスできる時間ですが、嫌な出来事を思い出しやすい時間でもあります。内向型の人たちには、どうしても嫌な出来事のほうが印象に残りやすい傾向があります。そうした時間に、よかったことを思い出して書き出すことで、1日を前向きで明るい気持ちで締めくくることができるようになります。

たとえば、「今日は○○さんと挨拶できた」「本を読む時間が取れた」「鳥のさえずりを聞いた」といった、自分がよいと感じたことを3つ書き出してみましょう。週に1回行うだけでも効果があると言われています。ノートなどに書き溜めておくことで、**「小さな幸せ貯金」**ができていきます。

**「スリー・グッド・シングス」で感じた効果**

- よいことを振り返ることで、心が満たされる
- 日常のよいことに気づけるようになる
- よいことに目が向き、前向きになれる

017

「誰にも感謝されない」と思うなら、

# 「感謝日記」を書く

健全な人間関係を維持するもっともよい方法は、お互い感謝することだ。

『内向型を強みにする』（マーティ・O・レイニー 2013）

疲れているときなど「誰にも感謝されない……」と思うことはないでしょうか。

よく**「感謝されるのではなく、感謝することが大事」**と耳にしますが、実は研究結果でも「感謝する」ことの効果が確認できているのです。

アメリカ・カリフォルニア大学リバーサイド校のアルメンタ博士らは、感謝を次の2種類に分けています。

**①恩恵的感謝**（**Doingの感謝**）

自分によいことがあったから感謝するのが「恩恵的感謝」です。「誰かに何かをしてもらったから感謝」「何かをもらったから感謝」など。「Doingの感謝」とも言います。

**②普遍的感謝**（**Beingの感謝**）

感謝の気持ちをいつも感じている心のあり方が「普遍的感謝」です。「家族や仲間が存在してくれることに感謝」「日光で照らしてくれる太陽に感謝」など、人だけではなく、あらゆるものに感謝の気持ちを感じている状態です。「Beingの感謝」とも言います。

カリフォルニア大学デイビス校の心理学者ロバート・エモンズは、**「感謝日記」**などの行為を継続的に行っている1000人以上を対象に調査を行い、次の変容が見られたことを報告しています。

・免疫力がアップする
・ポジティブ感情が高くなる
・より他者を助け、寛容で、慈悲深くなる

「感謝日記」は週1回でも効果があるそうです。「Doingの感謝」だけではなく「Beingの感謝」も含めて、思いつく感謝を書き出すだけで効果が得られます。

**「感謝日記」**は、内向型の人が、日々の小さな幸せに気づき、ポジティブな心を保つのに効果的な手段となるのです。

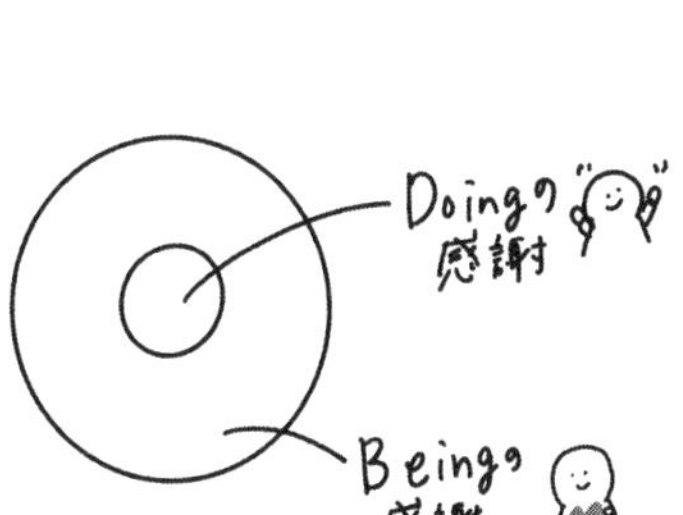

018

やらなくちゃいけないことに追われているなら、

# 「手放す」練習をする

自分のエネルギーの利口な使い方を学ぶことはきわめて重要だ。他人や何らかの状況のために自分のエネルギーをむやみに消耗させてはいけない。

『「ひとりが好きな人」の上手な生き方』（ティボ・ムリス 2023）

内向型にとって、自分のエネルギーをコントロールするのは、最大の課題のひとつです。

自分が使える限られたエネルギーを、外部からの刺激で消耗しやすい傾向があるからです。


仕事や、やるべきタスクに追われ、気づけば、「こうあるべき」ということが積み重なり、エネルギーを消耗していることはありませんか。


そんなときは、**「こうあるべき」を「手放す」練習**をしましょう。

「こうあるべき」を手放すと、自分が「したい」ことにエネルギーを使えるようになり、よりごきげんでいます。

## 「こうあるべき」を「手放す」ワーク

①「こうあるべき」と思っていることを、できる限り書き出す
②その中で、本当は自分がやらなくてもいいことにチェックをつける
③チェックしたものを順に、1週間以内に少しずつ手放してみる

私の場合は、このワークを通じて、ワーキングマザーとして「家事育児と仕事の両立をきちんとするべき」と無意識で思いこんでいることに気づきました。特に「毎日つくるべき」と思っていた料理が、エネルギーを消耗していたのです。

考えてみたら、「毎日つくらなくてもいいよね」と気づき、「週に何回かはお弁当を買って帰ろう」とか、少しずつ手放していくことができました。

最初は「こうあるべき」を「手放す」のは、簡単ではないかもしれません。練習を繰り返すことにより、少しずつできるようになっていくでしょう。

# 第 3 章

# 内向型が<br>「人間関係」を<br>つくる・深める

この章では、内向型の人が「人間関係」をつくる・深める方法を解説していきます。人間関係をつくるための考え方や方法、また関係をより深める技術について具体的に探求していきましょう。

### ①人間関係をつくる

内向型の人が**人間関係をつくるための考え方**は様々です。特に重要なのは、一対一での深いつながりを重視し、ひとりひとりを味方につけていくことです。また、「弱いつながり」の概念を取り入れ、**関係を築くコツ**も紹介します。自己紹介の工夫や、ちょっとしたお手伝いや、短時間でできるギブなど、具体的な手段も解説します。SNSやブログ、興味のあるコミュニティへの参加、時にはイベントやパーティーで楽しむことも、内向型が**人間関係を構築するための手段**として考えられます。

### ②人間関係を深める

築いた人間関係をより深めるためには、コミュニケーションの技術が不可欠です。具体的には、**「話す・伝える」**と**「聞く」**技術があります。

たとえば、自分を主語にしたアイ・メッセージでの伝え方や、相手のトーンに合わせたコミュニケーションなど、内向型の特性を活かした「話す・伝える」技術。

また、あいづちや感謝を通じて相手に対する理解を深め、よりよい関係を構築するための「聞く」技術。苦手な相手とのコミュニケーション方法も含めて紹介します。

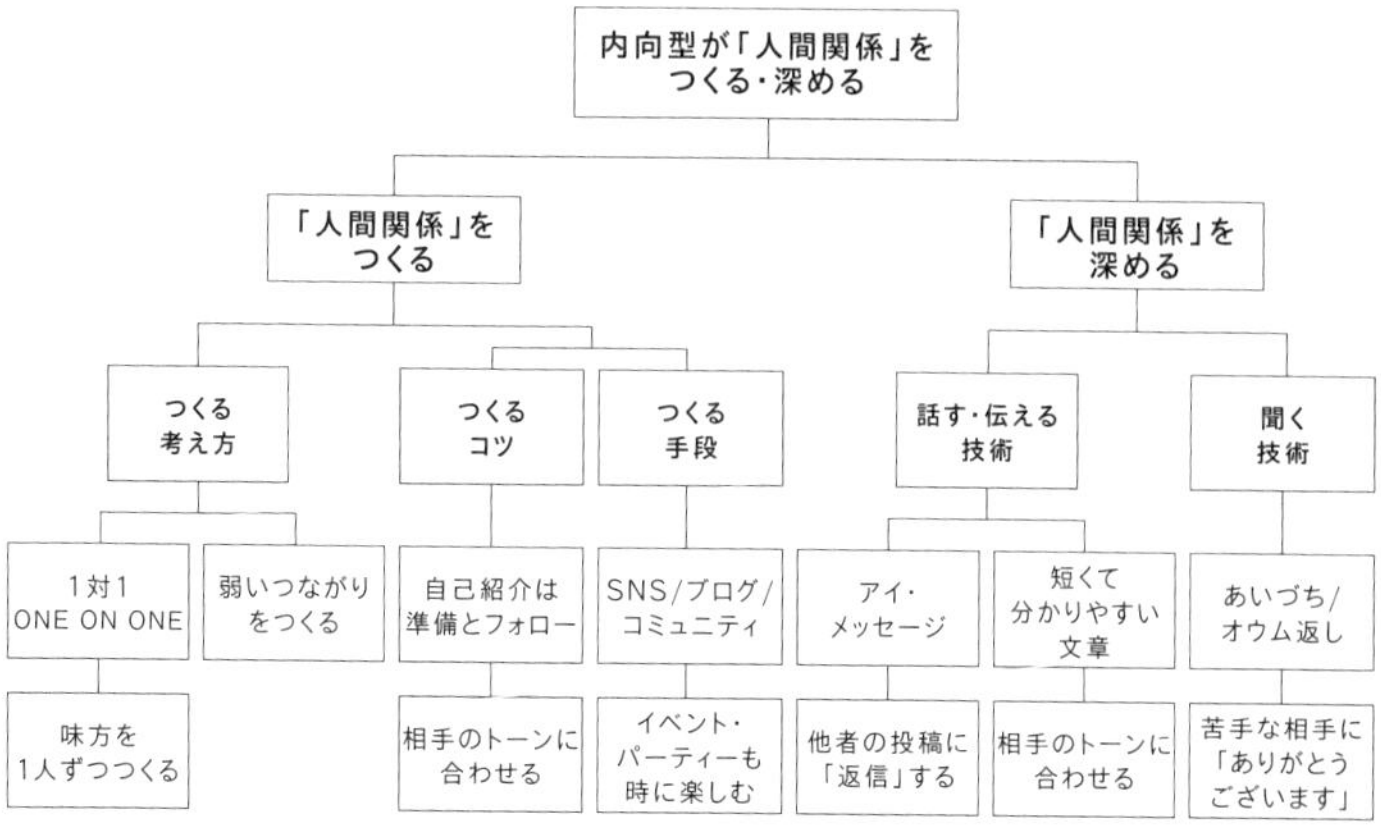

019

「みんなで仲良く」が苦手なら、

# ONE ON ONEで人間関係をつくる

内向型は、一対一の深い人間関係を築くのが得意です。人の話を聞くのも得意です。こうした長所を活かせば、すぐれたリーダーになれます。
『静かな力』(スーザン・ケイン 2018)

まず、内向型が「人間関係」をつくるときの考え方について見ていきましょう。

ハーバード大学成人発達研究所の責任者であるロバート・ウォールディンガー氏は、約80年にわたり、724人の幸福について調査し続けてきました。TEDトークの中で「私たちを健康に幸福にするのは、**よい人間関係につきる**」と述べており、さらに人間関係において大事なのは、**「量」より「質」**だと言っています。

この話を聞いて、私は安心しました。誰とでも仲良くなれる外向型の人にコンプレックスを感じ、人間関係は「量」が大事だと思いこんでいたからです。

内向型の人は**「狭く深く」**人間関係をつくるのが得意なので、私は、**意識的に「一対一」で話す機会をつくる**ようにしています。まさに話題のONE ON ONEです。新しい職場に配属されたときも、チーム全員がいる場では緊張してうまく話せなかったので、ひとりひとりと「一対一」で話をする機会をつくってもらいました。表面上の会話だけではなく、「相手が何を大切にしているか」をお互い知ることができ、ぐっと距離が縮まったことを覚えています。

## 内向型の強みを活かしたONE ON ONEのポイント

### ①静かで「集中」できる場所を選ぶ

会話の場所は、重要です。静かで落ち着いた、会話に集中しやすい場所を選びましょう。

### ②「本音」で話す

自分の弱みや苦手なことも本音で話しましょう。「実は、大勢の場で話すのが苦手で」と伝えると、相手から「実は、私も」と言われることがよくあります。一対一だからできる本音の会話は信頼を生みます。

### ③言葉ではなく、「感情」に注目する

内向型の人は感受性が高く、非言語情報からも多くを読み取ることが得意です。「感情」に注目をすることで人間関係を深めることができます。たとえば、相手に、「すごく楽しそうに話されていますね」と伝えると、喜んで話してくれるでしょう。

## 020

仕事を前に進めるには、

# 「味方」を1人ずつつくる

人は少し話し下手なくらいがちょうどいい。長い目で見れば、そのほうが豊かな表現を身につけられ、人に信頼されるから
『話べたな人の自己表現の本』（本多信一 2002）

新しい人との出会いやコミュニケーションには、不安を感じます。でも、内向型の方々にとって、**味方をつくる**ことは大きな意味を持ちます。なぜなら、味方がいることは、私たちのキャリアと人生において力強い支えになるからです。

仕事を前に進めようと思うとき、何かプロジェクトを始めようとするとき、何かに迷ったときなど、**味方が1人でもいることが心の支え**になります。また、協力をしてもらうことによって前に進めることができます。

私にとっては、この本を書き進めることが大きな挑戦でした。自分ひとりで企画を考え、書き進めようとしても、なかなか前に進むことができなかったのです。ひとりで考えれば考える

ほど、「うまくいかないんじゃないか……」「自分のことを書くのが恥ずかしい……」といった不安が頭をよぎっていました。

そんなときに、ある内向型の友人とお話しました。本を書く目的や、自分の率直な不安を打ち明けると、共感してくれたのです。ひとりで悶々と悩んでいたのですが、一気に気持ちが晴れたような気持ちになりました。今でも彼女の存在が、心の支えになっています。

いきなり大勢の人に味方になってもらうことはできません。でも、1人でもいいから味方がいることは大きな力になります。

『人見知り芸人に学ぶ　ムリをしない社交術』（田中イデア 2014）によると、人見知りの放送作家である著者が、何か企画を立てるとき、ネタをつくるときに大事にしているのは、1人ずつ味方を増やしていくことだと書かれています。企画を複数人に一度に共有するのではなく、まずは1人に共有して味方になってもらうことで、前に進めることができるのです。

## 味方を1人ずつつくるステップ

### ①「なぜ、あなたに話しているか」の理由を伝える

内向型の人は、コミュニケーションを始める際に、相手に自分の意図を伝えることが重要です。相手になぜ話しかけたのか、その背後にある理由を共有しましょう。これは、相手に安心

感を与え、対話を深める助けになります。たとえば、「○○さんの専門知識に興味があり、意見を聞きたかったので話しかけました」という具体的な理由を伝えましょう。

**②相手への感謝を示す**

相手に感謝の意を示し、そのサポートや協力に対する感謝を言葉で伝えましょう。

**③約束を守る**

内向型の人は、約束を守ることに真摯に取り組む傾向があります。たとえば、やると言ったことはやるなど、小さくても約束を守ることは、中長期的に信頼を高める上で重要です。

内向型の人は、一対一の関係を大切にし、深めるのに向いています。このステップで、内向型の特性を活かしていけば、味方を1人ずつ確実につくっていくことができます。関係が深まるにつれ、お互いにとって応援しあえる存在になるでしょう。

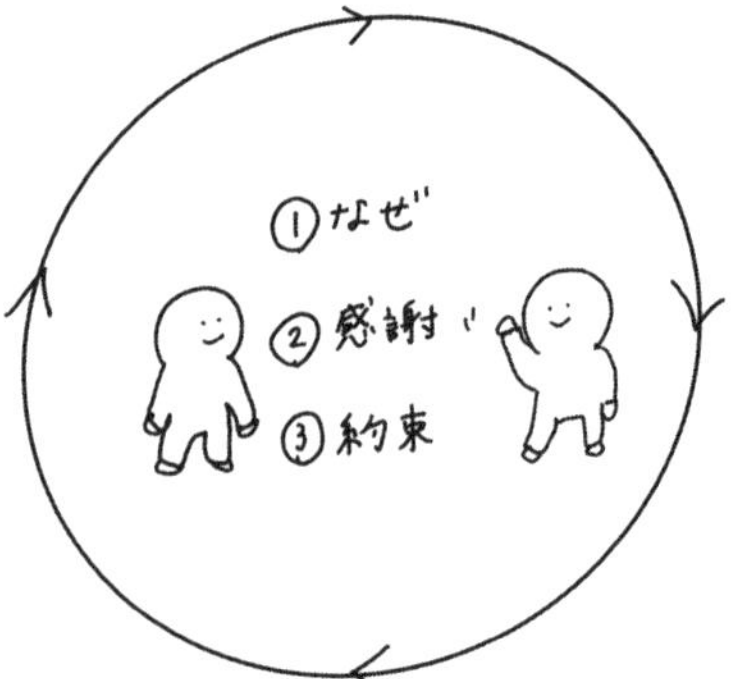

021

**人見知りするなら、**

# 「弱いつながり」をつくる

素晴らしいコネクションを作る技を人見知りはとっくに知っている。だってそれは他人に調子を合わせ、相手の出す合図を読み取ることなのだから。

『内向型のままでも成功できる仕事術』（モラ・アーロンズ・ミリ 2018）

人見知りしやすく、人とのやり取りにエネルギーを使う内向型は、人脈を広げることが苦手で、とかく少ない人と強いつながりを持とうとします。でも、「強いつながり」だけではなく**「弱いつながり」をつくることで、可能性を広げる**ことができるのです。これは、スタンフォード大学の社会学者マーク・グラノヴェッターが１９７３年に論文で発表して以来発展してきた理論で、『内向型のままでも成功できる仕事術』（モラ・アーロンズ・ミリ 2018）でも書かれている方法です。

・**「強いつながり」**とは、接する時間が長い、近しい関係の人たち。よく顔を合わせる友達や、直接の仕事仲間など。

・**「弱いつながり」**とは、接する時間が短い、ゆるい関係の人たち。ちょっとした知り合い、ソーシャルメディアでつながった人、ときどき一緒に仕事をする人など。

私が20年間勤めた会社から転職を考えるようになったのは、ある日、Facebook上でつながっている知人の投稿を見た瞬間でした。その人とは頻繁にやり取りする関係ではなく、仕事上のつながりも特にありませんでしたが、「コミュニティ」というキーワードで共有された、仕事の募集についての投稿を見てその人に連絡したことが、転職につながりました。

内向型は、普段から積極的にやり取りすることは得意ではありませんが、観察力に長け、情報を注意深く収集することができるのです。

インターネット上の情報は誰でもアクセスできます。これだけ情報があふれている世の中では、人から直接得られる情報がより価値を持ちます。「強いつながり」を持つことにこだわらず、進んで「弱いつながり」をつくっていくことで可能性を広げることができるでしょう。

## 「弱いつながり」をつくるためのポイント

### ①とりあえず「10秒」だけがんばろう

「弱いつながり」をつくるために、最初の一歩を踏み出すことは簡単です。たとえば、ソーシャルメディアやメッセージアプリを使って、10秒でメッセージを送ることもできます。挨拶や感謝のメッセージ、興味を示すコメントを簡潔に送ることで、誰かとのつながりを始めることができます。

内向型ならではの丁寧なコミュニケーションが、相手に好印象を与えます。10秒だけでも、心からのコミュニケーションができるはずです。

### ②「共通」の趣味や興味を持つ人とつながる

共通の趣味や興味を持つ人たちとのコミュニケーションは自然な流れで始まりやすく、共感を生むことができます。

新しいつながりをつくるチャンスは、気になるコミュニティやイベントに参加することから始まります。たとえ初対面の人たちでも、一度参加してみることで、共通の興味を共有し、新たな友達やつながりを見つけることができるでしょう。

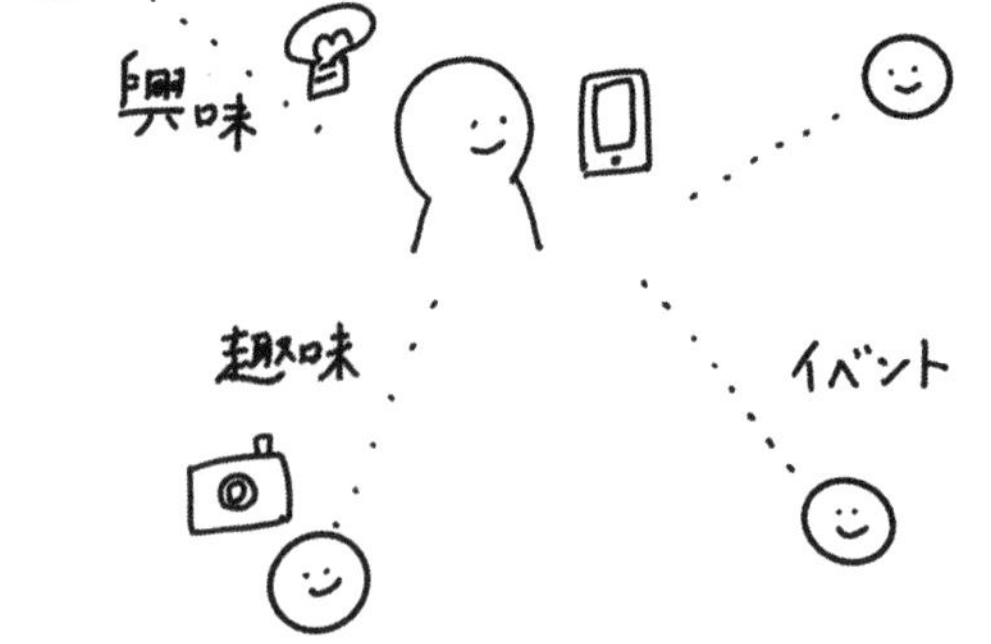

たとえば、写真が趣味なら、写真愛好者の集まる写真教室や撮影会に参加することで、同じ趣味を共有できる人たちと出会えます。

これらのポイントで、自分のペースで新しいつながりをつくり、少しずつ育てていくことができます。挨拶やメッセージ、共通の興味を通じて、弱いつながりをつくる喜びを見つけましょう。

022

自己紹介が苦手なら、

# 「準備」と「フォロー」をセットにする

「自分の言葉」で話せばいいのです。そこに、中途半端なギミックは全く必要ありません。
『人と会っても疲れない コミュ障のための聴き方・話し方』（印南敦史 2017）

ここからは、人間関係をつくるときのコツを見ていきましょう。

内向型にとって、人前で話すことは緊張する瞬間です。でも、新しいプロジェクトやチームに参加するときや、初対面の人と話す場面では、**自己紹介**が不可欠となります。

自己紹介のとき、「顔と名前を覚えてもらわなきゃ」「わかりやすく話さなきゃ」と意気込むものの、うまくいかずに落ち込むことが多くありました。でも、自然体の自分でよいと思うようになってからは、緊張感が少し和らぐようになりました。

『人と会っても疲れない コミュ障のための聴き方・話し方』（印南敦史 2017）には、話のうまさは必要なく、**下手でも一生懸命話すことで相手を喜ばせることができる**と書かれています。

外向型の人のように、アドリブで注目を惹きつける必要はありません。内向型にとって重要なのは、自己紹介をしているときだけではありません。**「準備」と「フォロー」をセットにする**ことです。

## 内向型の自己紹介のポイント

### ①準備で、「型」を使う

「1分」で何を話すかを、文章で用意しておきましょう。「PREP法」などの型が使えます。

結論（Point）→理由（Reason）→具体例（Example）→結論（Point）の順に話します。たとえば、次のような文章です。


（P：結論）私はコミュニティを通じて人の可能性を広げることができると信じています。

（R：理由）5年間コミュニティを運営し、新しい挑戦をする人を多数見てきたからです。

（E：具体例）たとえば、移住をして自分のライフワークを実現している人などがいます。

（P：結論）私の目標は、コミュニティを通じて人の可能性が解放されることです。

### ②フォローで、印象づける

自己紹介をした相手にフォローのメッセージを送りましょう。「先ほどは人見知りでうまく話せなかったので」と枕詞をつけると、メッセージを送る理由になります。自己紹介だけで伝えきれなかったことや、相手への感謝を伝えましょう。

023

なかなか場に馴染めないなら、

# ちょっとしたお手伝いをかって出る

人は何か同じ作業をすると自然と親近感が生まれてくるので、そんなに話を頑張らなくてもOK、淡々と仕事をしておきましょう。
『人見知りでもセレンディピティ』（林勝明 2020）

新しいコミュニティに参加するときなど、初めての場ではどう振る舞っていいかわかりません。なかなか場に馴染めず、居心地が悪い経験をしたことはないでしょうか。

このようなときは、**ちょっとしたお手伝いをする**のが、効果的です。

『人見知りでもセレンディピティ』（林勝明 2020）によると、ちょっとしたお手伝いをして**小さな役割を担う**ことで、楽に居場所を確保しつつ、相手が見つけやすくなるとあります。二次会や勉強会などの集まりであれば受付をお手伝いしてみる、オンラインイベントではタイムキーパーやチャットを盛り上げるサポーターをお手伝いしてみるなどの方法があります。小さな役割があることが、自分自身の安心感につながり、共同作業をすることで人とつながれるのです。

母親コミュニティで一緒に活動しているメンバーのユウキさんの例をご紹介します。初めはなかなか場に馴染むことができなかったと言います。一年以上が経ったときに、思い切ってメンバー同士をつなげるプロジェクトに参加されたそうです。それまでイベントに参加することはあっても、発言できなかったのが、プロジェクトメンバーという役割を通じて初めて発言することができたそうです。

そのあとも、細かいところまで観察や配慮できる特性を活かし、地域の親子が集まるコミュニティの運営や、性教育のアンバサダーなど、役割を広げていきました。彼女が発言してくれるイベントは、参加者が安心できる空気が漂い、あらゆる人が発言できます。

その後もメディアの取材協力に積極的に参加してくれるなど、彼女のチャレンジと共に、つながりが広がっていったそうです。このように、ちょっとしたお手伝いをして小さな役割を担うことで、人間関係をつくることができるのです。

**ちょっとしたお手伝いをするときのポイント**

①お手伝いを募集していたら、やってみる
②まずは小さな役割から始めてみる
③主宰の人に「何かお手伝いできることはありませんか？」と声をかけてみる

024

## 自分を犠牲にしそうになったら、
# 5分でできることを「ギブ」する

「もらう人」ではなく「与える人」になることで、安心感を得ることができるのです。
『引っこみ思案な自分をラクにする本―最初の一歩が簡単に踏み出せる方法』（ジェファーズ 2002）

私がコミュニティ運営をするようになって気づいたのは、**内向型の強みを活かした「ギブ」**の効果です。

『GIVE & TAKE「与える人」こそ成功する時代』（アダム・グラント 2014）によれば、資本主義社会では「ギブ&テイク」が当たり前ですが、実際にはギブする人（与える人）が成功する傾向があります。ギブが長期的な信頼関係につながるからです。

この本によると、世の中には3つのタイプの人間がいるそうです。

・ギバー（人に惜しみなく与える人）
・テイカー（真っ先に自分の利益を優先させる人）
・マッチャー（損得のバランスを考える人）

この本に書かれているギバーの例では、**「控えめに話す」人たち**とありました。実は、内向型の人々は、長期的な人間関係を大切にし、自分にとって意義あることにエネルギーを注げるので、他者にギブができるのです。

以前、『ライフピボット』の著者であり、コミュニティを運営している黒田悠介さんとお話しする機会がありました。自己犠牲なく、空気を吸うように自分ができることでギブするそうです。黒田さんの経験では、8年ぶりに連絡が来て仕事につながった例もあるとのことでした。具体的には、**5分でできることを「ギブ」**する。私の場合であれば、たとえば、相談に乗る、おすすめの本を紹介する、感謝のメッセージを送る、相手のよい点をフィードバックするなどが挙げられます。見返りを自分に求めるのではなく、誰かが幸せになればよいという考え方が重要です。

**①自分にとって意義のあることをする**
**②自分が楽しめることをする**

この2つのポイントを押さえておけば、自己犠牲ではなく、自分にも他者にも与えることができるのです。

025

他人にばかり目が向いてしまうなら、

# SNSでアウトプットする

小さな喜びは、大きな喜びのひとかけら。
そう考える人なら、何気ない日常にも幸せを見つけられるはずだ。
『実は、内向的な人間です』(ナム・インスク 2020)

ここからは、内向型が「人間関係」をつくるときの手段について見ていきましょう。

ネットが普及した今、情報があふれていて、どうしても他人の活躍が気になります。他人ばかりに目を向けていると、どんどん自己評価が低くなっていきます。ネットが無かった時代は、物理的に近い人たちしか比較する相手がいなかったのですが、今やネットでつながる範囲の人たちすべてが比較の対象となっているので、当たり前です。

どうやったら、他人ではなく**「自分」に目を向けられる**のだろう?

そう思っていたときに始めたのが、SNSでの**「アウトプット」**です。

内向的な人は、感情や考えを内に秘めがちです。でも、アウトプットを通じて自己表現ができる機会を持つことで、**自分に対する理解が深まり、同じ価値観の人とつながることができる**のです。自分の考えや感情を言葉にすることで、「あ、私ってこういうことを考えていたのだ」と気づきを得ることができます。

たとえば、本を読んだあとに、何か記事を読んだあとに、気づいたことをアウトプットすると、だんだんと「自分軸」ができてきます。「自分軸」とは、自分のモノサシ、つまり大切にしたい価値観のことです。

Facebookでも、X（旧Twitter）でも、自分がアウトプットしやすいSNSで構いません。大事なのは、他人のアカウント上ではなく、自分のアカウント上で言葉にしてアウトプットすることです。ネット上に自分のホームをつくりましょう。

**①「自分」に目が向き、内的エネルギーが溜まる**
**②自分がアウトプットしているものを振り返り、「自分軸」に気づくことができる**
**③同じ価値観を持っている人とつながる機会が増える**

**1日3分でよい**ので、アウトプットをしてみましょう。

026

アウトプットが必要と感じたら、

# 自分の「メモ」としてブログを書く

書くという行為を通じて「自分にとって大切なのは何か?」。「その状況についてどう考え、感じているのか?」といったことが明確になっていくものです。『内向型人間がもつ秘めたる影響力』(ジェニファー・B・カーンウェイラー 2013)

私は、40歳になる前に、ずっと感じていた閉塞感から、ある日ブログを始めました。毎日同じ時間に、同じ場所で、同じ人と仕事をして、変わらない日々。

「このままでいいのだろうか……」

この不安や焦りから抜け出せたのは、ブログのおかげです。

ブログというと、「何か有益な情報を発信しなければ」と思っていました。でも、自分の**「メモ」としてブログを書くことを始めた**のです。これが内向型の強みを活かす方法でした。

これは『「普通」の人のためのSNSの教科書』(徳力基彦 2020)にも書かれている方法です。

たとえば、本を読んだとしても、なんとなく読み切ったものの、「その本のよかったところは？」と聞かれて、他の人に説明できるかというと、できないことのほうが多いのではないでしょうか。ニュースサイトや本やイベントや、あらゆる所でインプットの機会はあっても、それらを学びにするにはアウトプットが必要です。

その際に自分だけが読めるメモではなく、誰もが読めるブログで発信するのです。他の人にも理解できる文章としてアウトプットすることで、自分の思考が整理され、内向型の思考力が活かされます。

私は**24時間以内にアウトプットする**ことを心掛けています。

なぜなら、エビングハウスの実験によれば、人は一度覚えたことを24時間後には74％忘れてしまうという事実が明らかになっているからです。復習やアウトプットを行うことで、記憶の定着率が向上します

**自分の「メモ」としてブログを書くメリット**

- アウトプットすれば、**思考が整理され、学びに**なる
- アウトプットを前提にすると、**インプットの質が高まる**
- ブログを通じて、**同じ興味関心を持つ人とのつながり**ができる

日々の学びや気づきをメモし、ブログに書く。これを繰り返していたら、インプットや考えることが増えて、アウトプットも増えて、自分の学びが雪だるまのように大きくなっていきます。

ブログを続けることで驚いたのは、ひとつひとつの出来事や人との出会いがつながっていったことです。

たとえば、興味が広がって新しいイベントに参加したり、コミュニティを立ち上げたり、ブログを通じてコミュニティメンバーが増えたり、『「普通」の人のためのSNSの教科書』に事例として掲載していただくこともできました。

今では「note」などのプラットフォームで、無料で簡単にブログを始められます。ぜひ自分のための「メモ」から始めてみてください。

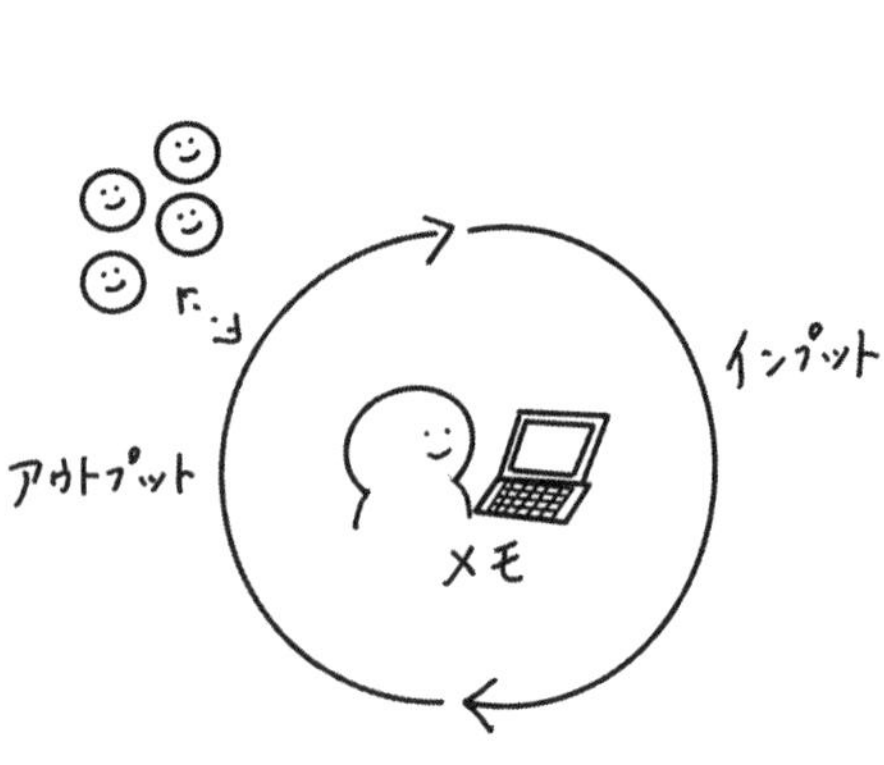

027

仲のよい友だちがほしくなったら、

# 興味があるテーマの「コミュニティ」に参加する

私は聞き上手になることによって、コミュニティの中で聞き役というポジションを取っています。
『内向型人間のための伝える技術』（望月実 2014）

内向型は誰とでも仲良くなれるわけではありません。でも、興味のあるテーマが共通している人とは仲良くなれます。**興味関心でつながれるコミュニティに参加**しながら、人生を豊かにしている内向型の例を見ていきましょう。

2人の娘を育てながら会社員として事務系のお仕事をしているユウカさんの例です。初めての出産後にママ友をつくりたいと思っていましたが、雑談が苦手なこともあり、なかなか集団の雰囲気に馴染めませんでした。そこで、コミュニティに参加するようになります。自分が興味関心を持てる育休コミュニティなどの場であれば、仲良くなれることに気づいたそうです。

目的がなく話をするのは苦手でも、自分が興味あるテーマであれば無理なく話ができます。

『内向型人間のための伝える技術』（望月実 2014）には、初対面で話をするのが苦手な著者が、勉強会や読書会など自分が興味あることであれば、初対面でも話ができる。同じテーマで継続的に会うことにより、交流が深まっていくことが書かれています。

ユウカさんは、「手帳」や「片づけ」といった興味のあるテーマで継続的に話をすることにより、関係性を深めていきました。ワークショップや新メンバーを受け入れる会の主宰にもチャレンジし、職場ではできない経験ができたそうです。

このように利害関係がなく、無理せずに自分らしくいられるコミュニティは、人生を豊かにしてくれるのです。家での私、職場での私ではなく、それ以外の私でいられることは、自分の新しい可能性に気づき、広げることにつながります。

**コミュニティに参加するメリット**

・つながりが増える
・新しい機会やチャレンジが増える
・自分の興味関心が広がる、深掘りできる

**コミュニティに参加するときのポイント**

・趣味、習い事、勉強会、ボランティアなど、少しでも興味を持てたら参加してみる
・少人数の集まりやオンラインで参加できる会など、ハードルが低いものから始める
・継続的に開催される会に参加してみる

028

大勢の人が集まる場が苦手でも、

# イベントやパーティーも時に楽しむ

今こそ、わたしたちは内向的な人間として、この社会でのびのびと生きようではないか。わたしたちは多数を占め、社会に貢献し、力を持っている。
『内向的な人こそ強い人』(ローリー・ヘルゴー 2014)

内向型にとって、多くの人が集まるイベントやパーティーへの参加は、時に苦手と感じることがあります。

お誘いを受けた際に、断ることが難しいこともありますが、相手に対して誠実な対応をすることが重要です。「1ヶ月に3回までは参加する」や「明確な目的があったら参加する」といった**自分なりの基準を設けて、**行くか行かないかの判断をするのもよいでしょう。

ただし、実は内向型の人でもイベントやパーティーを楽しむことができるのです。他の参加者と深い対話を楽しむことや、意味のあるつながりを築くこともできるでしょう。

では、内向型の人がイベントやパーティーを楽しむための方法をご紹介します。

## 事前準備のポイント

**①目的を明確にする**

イベントに参加する前に、**自分の目的を明確に**しましょう。たとえば、新しいつながりを1人以上つくる、主宰者に挨拶する、特定のトピックについて学ぶなど、自分なりの目的を設定します。

**②早く帰る準備をしておく**

イベントやパーティーに出席する前に、帰宅の時間やスケジュールを考慮しましょう。早めに帰るシナリオを用意しておくことで、自分のペースを守りながら楽しむことができます。

## 当日、楽しむ方法

**①「目的」に向けて行動する**

まずは忘れないうちに、事前に設定した目的に向けて行動しましょう。

### ②「居心地のよい場所」を見つける

内向型は**会場を歩き回るよりも、自分にとって居心地のよい場所を見つける**ことで、ストレスを軽減しながら、楽しむことができます。たとえば壁際の場所や、ソファなど静かな場所でリラックスするのもよいでしょう。

### ③1人でもいいから「話し相手」を見つける

『コミュ力ゼロからの「新社会人」入門』（渡瀬謙 2019）によると、1人でもいいから「話し相手」が見つかれば、イベント・パーティーを楽しめると書かれています。

たとえば、知っている人を探す、主催者に話しかける、もしくは1人でもいいから共通点を持つ人や、グループの輪に入れていない人に思い切って話しかけて、会話を楽しんでみましょう。

内向型の人は深い対話が得意です。他の参加者と深くつながり、彼らの話に耳を傾けることで、意義のある対話をできるのです。

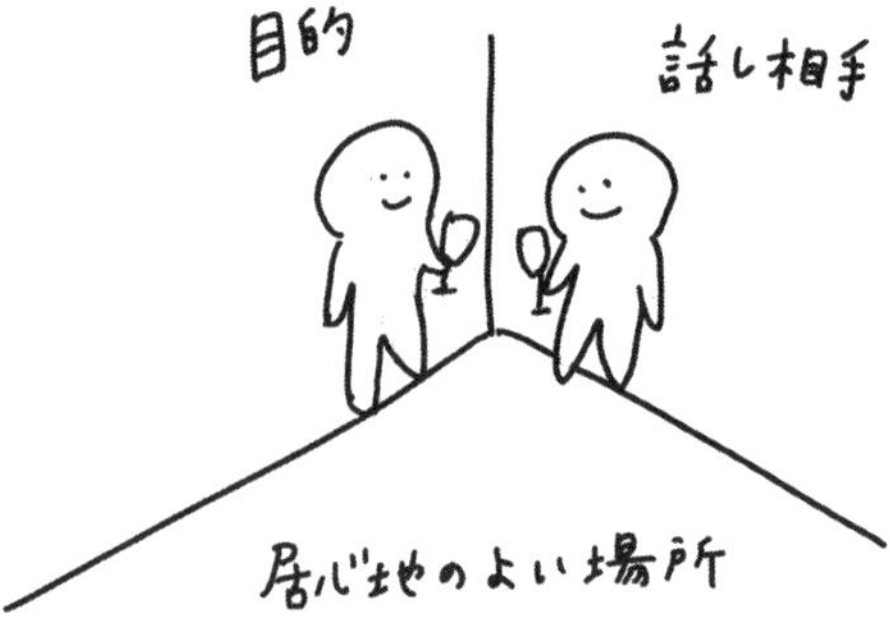

「目的」に向けた行動、「居心地のよい場所」や「話し相手」を見つけることで、イベントやパーティーを自分なりに楽しみましょう。

# 029

**言いたいことを伝えるのが苦手なら、**

# 「アイ・メッセージ」で伝える

余計な遠慮をして時間つぶしすることはできない。
ロスをすれば、辛い思いをするのは自分であり、かえって相手に失礼をすることになる。
『内気が苦にならなくなる本：チャンスを逃さず、前向きに生きるコツ』（青木匡光 2003）

ここからは、内向型が「人間関係」を深める技術について、まずは**「話す、伝える」技術**を見ていきましょう。

「つい遠慮してしまい、自分の言いたいことを言えない……」

このように内向型には、言いたいことを伝えるのが苦手な傾向があります。深い思考ゆえに展開を先読みして、断られたくない、傷つきたくないと思ってしまいがちです。

でも、実は**自分の言いたいことを伝えるのは、自分にも相手にもメリットがある**ことなのです。なぜなら、本音を伝えることで、誤解を減らし信頼関係を築くことができるからです。相手の立場になって考えると、本音を言ってもらえるほうがうれしいのではないでしょうか。

また『内気が苦にならなくなる本：チャンスを逃さず、前向きに生きるコツ』（青木匡光 2003）によると、日本語の「遠慮」とイコールになる英単語はないそうです。「遠慮」せずに、口数は少なくとも自分の思いを伝えることが、お互いに知恵を出し合い、自分にも相手にも利益をもたらすと書かれています。

では、どのように自分の言いたいことを伝えればよいのでしょうか。

それは、**「アイ・メッセージ」**で伝えることです。

「アイ・メッセージ」とは、**主語をI（私）にして伝える方法**です。「私」がどう感じるのかを伝えることにより、自分も相手も大切にしながら、自分の要求を伝えやすくなります。

反対に「ユー・メッセージ」とは、YOU（あなた）を主語にするメッセージです。相手に対して命令する印象や、相手を非難したり攻撃したりするニュアンスが強くなります。

たとえば、資料の準備を相手にやってほしいと思ったときの例で考えてみましょう。

次のように、YOU（あなた）を主語にすると、一方的に要求している印象があります。

**×「（あなたに）資料の準備をしてほしい」**

次のように、I（私）を主語にすると、自分も相手も大切にした伝え方になるでしょう。

**○「準備してもらえると、（私は）助かります」**

030

自分から発信するのが苦手なら、

# 他者の投稿に「返信」する

（内向型）は、興味を持った疑問について深く考えることで、信頼のおける同僚たちと緊密に連携していた
『内向型人間のすごい力』（スーザン・ケイン 2015）

ＳＮＳの普及により、誰もが簡単に自分の声を発信できるようになりました。でも、この発信の裏にはもう1つの価値ある行動が存在します。それは、**他人の発信に対して反応し、コミュニケーションを築く**ことです。

内向型の人々は一般的に、自己主張をすることが得意ではないかもしれません。しかし、他者の投稿に反応することなら、比較的ハードルが低く、自分の個性と強みを際立たせることができるでしょう。なぜなら、内向型の人は静かに考え、感じ、洞察を深めることが得意だからです。

コミュニティを運営している際に気づいたことがあります。たとえば、誰かが何かのトピックについての投稿を行ったとき、内向型は注意深くその内容を受け止め、自分自身の意見や考

えを整理し、適切な言葉で返信します。キャッチボールにたとえると、受け手がいるからキャッチボールが成立します。内向型の人々はこの受け手のように、他人の投稿に対して敏感に反応しキャッチすることができるのです。

大学図書館司書であるトモコさんの例をご紹介します。彼女は内向的な性格で、自分から積極的に発信することは少ない一方で、他人の投稿に返信することが得意でした。

特に、困っている人が情報を求めて投稿すると、彼女は敏感にそれに反応しました。たとえば、私が本を書くのに情報をどう調べればいいか困っているときも、丁寧に情報を教えてくれました。

これが内向型の人が発揮できる強みの1つであり、他人との関係をより深める鍵と言えるでしょう。

### 他者の投稿に返信するメリット

- 自分の考えを整理してから、返信できる
- 内向型の思考を、相手のために役立てることできる
- 相手との人間関係を築ける

031

長くなりがちなメール・チャットは、

# 短くてわかりやすい文章にする

文書（またはEメール）によるコミュニケーションもまた、同僚にあなたの考えを伝え、自己をアピールするひとつの方法だ。

『内向型を強みにする』（マーティ・O・レイニー 2013）

内向型の人にとって、**テキストコミュニケーション**は最も得意なコミュニケーション手段の1つです。なぜなら、内向型は**話すよりも書くことに優れている傾向**があるからです。文章を通じて、考えを整理してから伝えることができます。

でも、時には自分が「伝えたつもり」でも、相手には「伝わっていない」ことがあります。相手に伝わるためには、内向型の強みである思考整理力で、文章を短くわかりやすくしましょう。

『人と会っても疲れないコミュ障のための聴き方・話し方』（印南敦史著）によれば、**内向型は文章が長くなる傾向**があるため、いかに**短くわかりやすく**まとめるかが重要だとされています。

次に、「短くてわかりやすい」文章にするポイントを挙げます。これは「技術」なので、訓練すればするほど磨かれます。わかりやすいかどうかは、自分ではなかなか気づかないものです。相手にちゃんと伝わっているかを確認しながら、磨いていくとよいでしょう。

### 短くわかりやすい文章のポイント

**①一文は短く**

一文は短く、一文には1つの意味だけにしましょう。長ければ、句読点で句切って、文章を分けます。

**②はじめが肝心**

はじめに明確な目的を示し、結論から先に書くことで、相手に伝えたいことを明確にしましょう。【質問】【相談】【情報共有】など、最初に目的を入れるのも有効です。

**③ムダを省く**

文章を読み返し、なくても意味が通じる・重複しているムダな言葉を削除します。一度書いた文章は読み返して、添削しましょう。

032

メール・チャットで関係を深めるには、

# 相手のトーンに合わせる

「調子が合う」というのは、他人とのコミュニケーションの中で最も重要なことです。
『口下手で人見知りですが、誰とでもうちとける方法、ありますか?』(高石宏輔 2018)

メールやチャットで、どのようなトーンでメッセージを送るのかを考えすぎてしまって、なかなか送れない……なんて経験はありませんか。『コミュ力なんていらない』(石倉秀明 2020)に、**「相手のトーンに合わせる」**ことの大切さが書かれています。

相手が「!」を使っているのであれば、こちらも「!」を使う。絵文字を使うのであれば、こちらも絵文字を。スタンプならば、こちらもなるべく同じようなスタンプを。

**自分でトーンを決めるのではなく、相手に合わせます。**これさえ決めておけば、迷うことはありません。私も、相手にトーンを合わせるようになってからは、相手と波長が合い、メッセージのやり取りが円滑に進むようになりました。

ちなみに、最初のメッセージをこちらから送る場合には、無難に丁寧なトーンで始め、そのあと相手のトーンに合わせればいいでしょう。

これは心理学で重視される **「ラポール」** にあたります。フランス語で「架け橋」という意味で、自分と他者との間に橋を架けるように信頼関係を築くことを指します。

## 「ラポール」の3原則

**①肯定・尊重**

相手を肯定・尊重しようとする姿勢が重要です。

**②類似性**

相手との共通点が見つかると、急に親近感を持つことはないでしょうか。共通点があると、ふたりの間に一体感が生まれ、安心につながります。

**③ペーシング**

ペーシングとは、相手のトーンに自分の動作を合わせる手法です。こちらも類似性と同じく安心につながります。

メール、チャットでは相手のトーンに合わせて、信頼関係を築いていきましょう。

033

うまくリアクションできないときは、

# 「あいづち」のバリエーションを持つ

自分でコントロールできるのは「聞くこと」だ。

『コミュ障は治らなくても大丈夫 コミックエッセイでわかるマイナスからの会話力』（吉田尚記/水谷緑 2016）

ここからは、内向型が人間関係を深める**「聞く」技術**について見ていきましょう。

内向型の人々はリアクションが控えめな傾向があり、相手を不安にさせる原因になることがあるかもしれません。私も、誰かと会話するときに、うまくリアクションできないことがコンプレックスでした。たとえば、相手がおもしろいことを話してくれたとしても、なかなかそれに適したリアクションができないのです。プレゼントをもらったときも、その場でプレゼントを開けるのが不安です。うれしい気持ちをうまく表現できないからです。

『元コミュ障アナウンサーが考案した 会話がしんどい人のための話し方・聞き方の教科書』（吉田尚記 2020）には、**「あいづち」は相手への報酬**であり、まずは「えっ」とか「あっ」とか、ごく**当たり前の「あいづち」から始めて、バリエーションを増やしていく**ことが大切とありました。やってみると、**多様なあいづちを使う**ことで、相手が心地よく話してくれるようになりました。内向型の特徴である、相手の話をじっくりと聞き、細部に気づくことができる能力を活かし、適切なあいづちを打つことができるのです。

これは口頭での会話だけではなく、テキストメッセージのやり取りにも使えます。

たとえば、「ありがとうございます」よりも、「わ、ありがとうございます」とか、「わー、ありがとうございます」と冒頭のリアクションを微調整するだけで、印象が大きく変わることに気づきました。

**「あいづち」のバリエーションをつくるポイント**

① 「えっ」「あっ」「へー」「おー」など、**無理なく使えるあいづちから**始める
② 「でも」「だって」など、**否定形から入らない**
③ 「この人のあいづちいいな」と思うものを**マネする**

034

**会話が続かないときは、**

# 「オウム返し」をする

むしろ自分ではしゃべらずに相手にしゃべってもらうほうが、雑談としての効果が高い
『〝内向型〟のための雑談術』（渡瀬謙 2010）

私は雑談が苦手です。目的のない会話を、どう続けていいのかわからないからです。そんなときに**「オウム返し」**という手法が使えることを学びました。

「オウム返し」は、相手の発言やメッセージを受けて、それをそのまま繰り返すコミュニケーション手法です。要するに、相手の言葉や感情を反復して表現することです。これは相手に対して理解をし、共感していることを示す方法の1つです。

内向型の人は時に遠慮がちで、自分から積極的に発言することが少ない傾向にあります。オウム返しは、自分から話す必要が少なく、その遠慮がちな傾向を補うことができます。

『元コミュ障アナウンサーが考案した　会話がしんどい人のための話し方・聞き方の教科書』（吉田尚記 2020）によると、オウム返しをする言葉はできるだけ**固有名詞**にするか、**相手が意図**

**的に使っていそうな言葉**にするとよいそうです。相手が自分の言葉を理解し、共感していると感じることは、信頼感を高める要因になるからです。

実際にやってみると驚くほど簡単に、自然と相手との会話を進めることができるようになりました。

相手「先週の金曜日に、娘と**ディズニーランド**に行ってきたんですよね」
自分「えー、**ディズニーランド**ですか」
相手「実は、最近新しい趣味にハマってて。**ギター**を始めたんですよ」
自分「へー、**ギター**ですか」

**相手の言葉を言い換えずに、使っている言葉をそのまま繰り返す**ことがポイントです。

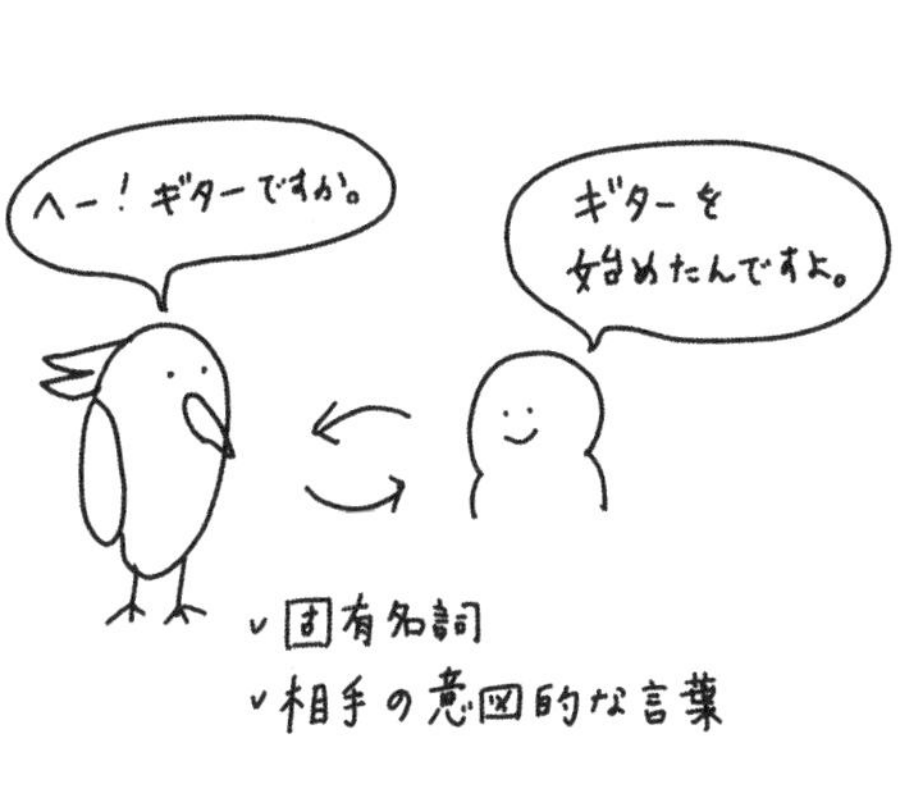
へー！ギターですか。
ギターを始めたんですよ。
✓固有名詞
✓相手の意図的な言葉

035

# 苦手な相手には、「ありがとうございます」を多用する

苦手な上司や先輩に対して、とても有効な魔法の言葉。
それは、ズバリ「ありがとうございます」です。
『人見知り芸人に学ぶ　ムリをしない社交術』（田中イデア 2014）

「どうしても、あの人のことが苦手……」「苦手な人と話す必要があって気が重い……」そんなことはないでしょうか。

もしかしたら「苦手と思ってしまう自分がダメなんだ……」と自分を否定してしまうこともあるかもしれません。でも、苦手な相手がいることは人間関係の中で避けられない現象です。人は異なるバックグラウンドや価値観を持ち、性格や意見が異なるため、必ずしもすべての人と円満な関係を築くことはできません。

大事なのは、自分を否定せずに相手と協力し合えることです。ここから、内向型の強みを活かした苦手な相手とつき合う方法について詳しく説明します。

## 苦手な相手とつき合う方法

### ①苦手な相手がいる自分に「OK」を出す

まず、自分自身に対して「OK」を出すことから始めましょう。苦手な相手がいるのは当然のことです。何も悪いことはありません。「なぜ、苦手と思うのか？」「ストレスを感じる要因は何か？」を認識しましょう。自分自身を受け入れることで、相手にも対応しやすくなります。

### ②「ありがとうございます」を言う

内向型の人は感受性が豊かで、他人の気持ちに敏感です。苦手な相手との関係を改善するために、感謝の意を表すことが有効です。相手から怒られたとしても、「すみませんでした」より「ありがとうございます」と感謝の言葉を積極的に使うことで、状況が悪化するのを防ぎます。自然と気持ちも前向きになれますし、感謝されると相手も悪い気分にはなりません。

### ③必要に応じて、距離を置く

とは言え、どうしても難しい場合には、苦手な相手と一定の距離を保つ選択肢もあります。

内向型の人は、自己ケアやリフレッシュの時間を大切にし、過度なストレスを避けた方がよいでしょう。

第４章

# 内向型の「働き方・キャリア」

この章では、内向型の特性を活かしたうえで、よりよい「働き方・キャリア」を構築するための手法や戦略を見ていきましょう。

ＰＤＣＡ（Plan, Do, Check, Action）サイクルを通じて、内向型が自身の特性を活かし、働きがいを感じながらキャリアを築く方法をひも解いていきます。

最初のステップである**「Ｐｌａｎ（計画）」**では、集中できる環境をつくることや、結果目標ではなく「行動目標」の設定、目標を小さくするといった内向型に適したアプローチに焦点を当てます。仕事のアプローチにおいては、「作業」×「方法」の視点を持つことがポイントです。

**「Ｄｏ（実行）」**では、ルーティン化やシングルタスクへの集中、仕事を「ひと口サイズ」にするといった、内向型がストレスなく成果を上げるための方法を解説します。また、仕事に「意味」を与えることが内向型のモチベーション向上につながるポイントです。

次に**「Ｃｈｅｃｋ（振り返り）」**では、やってきたことの記録や振り返りの大切さ、評価してくれる相手とのコミュニケーションにおいてポイントとなる点を取り上げます。

最後に「Action（改善）」では、内向型が専門性を磨き、キャリアの「資本」を戦略的に築きながら、行動力を発揮する方法を考えます。「変えられる」ことに目を向け、他者との関わり方や自分自身の成長に焦点を当て、着実にスキルを向上させるアプローチを解説していきます。

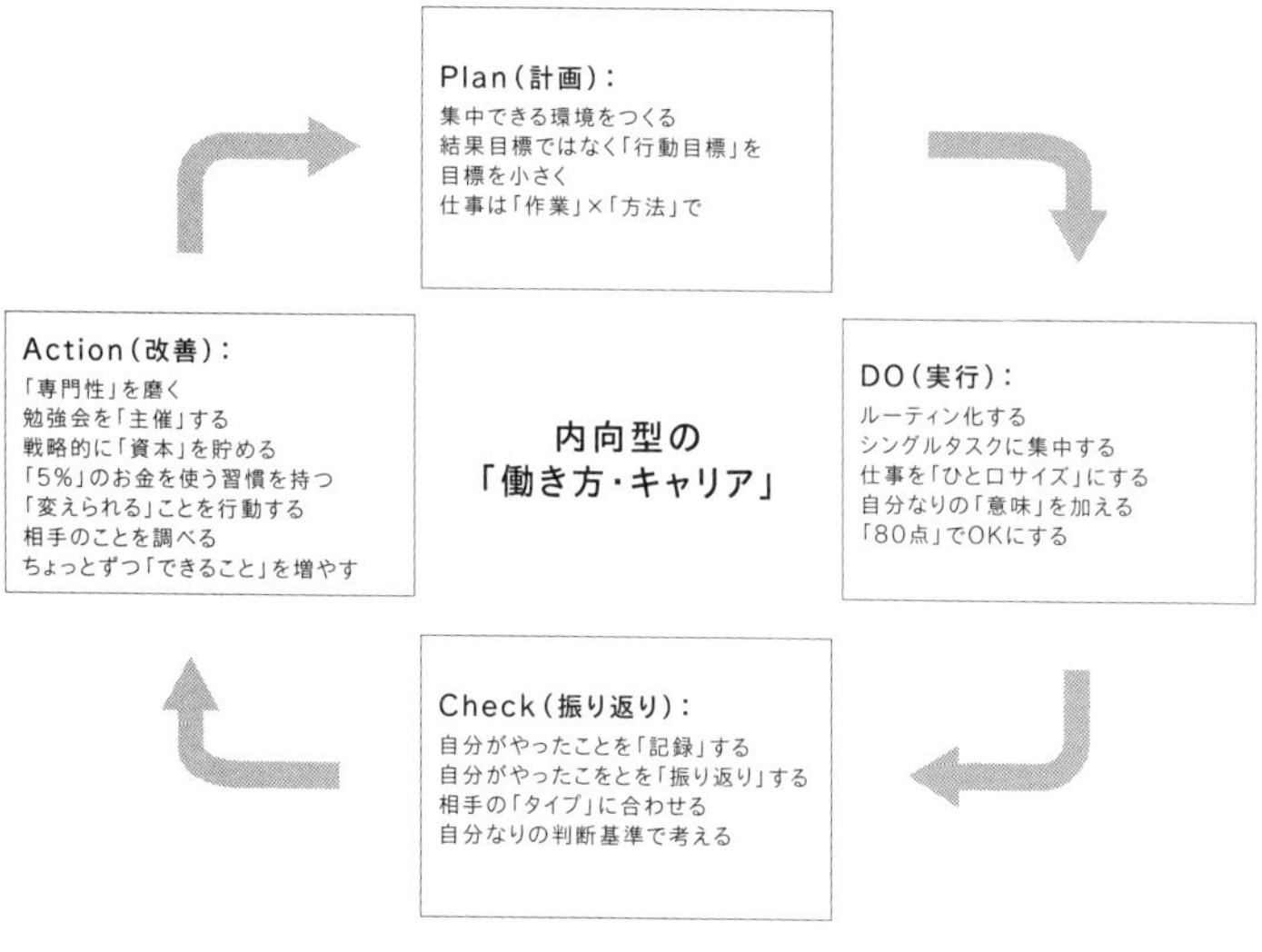
Plan（計画）：
集中できる環境をつくる
結果目標ではなく「行動目標」を
目標を小さく
仕事は「作業」×「方法」で
DO（実行）：
ルーティン化する
シングルタスクに集中する
仕事を「ひと口サイズ」にする
自分なりの「意味」を加える
「80点」でOKにする
Check（振り返り）：
自分がやったことを「記録」する
自分がやったこをとを「振り返り」する
相手の「タイプ」に合わせる
自分なりの判断基準で考える
Action（改善）：
「専門性」を磨く
勉強会を「主催」する
戦略的に「資本」を貯める
「5%」のお金を使う習慣を持つ
「変えられる」ことを行動する
相手のことを調べる
ちょっとずつ「できること」を増やす
内向型の
「働き方・キャリア」

036

## オープンオフィスが苦手なら、

# 集中できる環境をつくる

なにかをじっくり考えたり、なにかに集中して取り組んだりする力。
他人の話を根気よく優しく聞く力。これらふたつは、内向型の持つ〝スーパーパワー〟
『静かな力』（スーザン・ケイン 2018）

私はオープンオフィスに憧れがありつつも、どうも集中ができず苦手です。周りの人たちの会話が気になってしまうし、目の前に人がいる環境では集中ができないからです。内向型は視覚や聴覚の刺激に敏感な傾向があり、いかに**自ら集中できる環境をつくれるか**が重要になるのです。

外向型の人にとっては、刺激がエネルギーになるため、内向型の性質が理解されないこともあります。集中できる環境をつくる前提として、「私は内向型なので、集中できる環境が必要です」と周囲に伝えておくのがよいでしょう。すべて思い通りにいかないかもしれませんが、パフォーマンスが出る環境を認識してもらうことは重要です。

### 集中できる環境をつくる方法

**①在宅勤務を活用する**

新型コロナウイルスの影響で、在宅勤務を採用する組織が増えています。内向型の人にとっては、外部刺激が少ない自宅や、個別の作業スペース（第三のスペース）で仕事を行うことが集中力の向上につながります。リモート環境では、自分のペースで業務を進められます。ただし、『何でもないことで心が疲れる人のための本――「隠れ内向」とつきあう心理学』（榎本博明 2021）にあるように、孤立しないよう、適切なコミュニケーションと人間関係を維持することも重要になります。

**②パーソナル空間をつくる**

オープンオフィス内にパーティションを設置し、「パーソナル空間」をつくりましょう。モニター、写真立て、植物などでも構いませんが、パーティションは視覚的な刺激を減らし、集中力を高めることができます。できれば、刺激が少ない端っこの席など、オフィスの中で安心して作業できる空間を見つけましょう。

**③雑音を防ぐ**

ヘッドフォンや耳栓を使用して、聴覚的な刺激を減らしましょう。ノイズキャンセリング機能も有効です。これにより、内向型の人は集中しやすい環境をつくることができます。

037

目標達成できず自己嫌悪に陥ってしまうなら、

# 結果目標ではなく「行動目標」を立てる

バフェットにとって重要なのは、他人がどう考え、行動し、評価するかではない。自分の頭で考え、自分の決めたルールに従って生きることだった。『ウォーレン・バフェット 成功の名語録』（桑原晃弥 2012）

目標を立てることが重要とわかっていても、「達成できなかったら、どうしよう」と不安になるものです。内向型の人は不安を感じやすく、目標を達成できないと、自己嫌悪に陥ってしまうこともあります。

これらを回避するには、目標を立てる方法を変えることです。具体的には、結果目標ではなく**「行動目標」を立てる**ことをおすすめします。『もう内向型は組織で働かなくてもいい』（堤ゆかり 2020）によると、目標には2つの種類があります。

- **結果目標**：「3件成約する」など、結果に対する目標。自分でコントロールできない。
- **行動目標**：「3件資料をつくる」など、行動に対する目標。自分でコントロールできる。

結果目標を立てるのは悪いことではありませんが、これだけだと結果が伴わずに自己嫌悪に陥ってしまうことがあります。一方、自分でコントロールできる行動目標を立てることで、自分の行動に集中できます。もし目標が達成できたら、自分を褒めてあげてください。うまくいかなかったら、原因を振り返って、また新たに行動目標を設定し直せばよいのです。このサイクルを回し、行動を積み重ねることが、結果につながっていきます。

たとえば、私の場合はこの本を書いているときに、「今月は、20項目書く」という行動目標を設定しました。「出版を実現する」という結果目標だけだと、「うまくいかないんじゃないか」とできないことばかり想像して、不安になっていました。でも、自分が背伸びをしたら達成できる適切な行動目標を立てることで、前進できました。

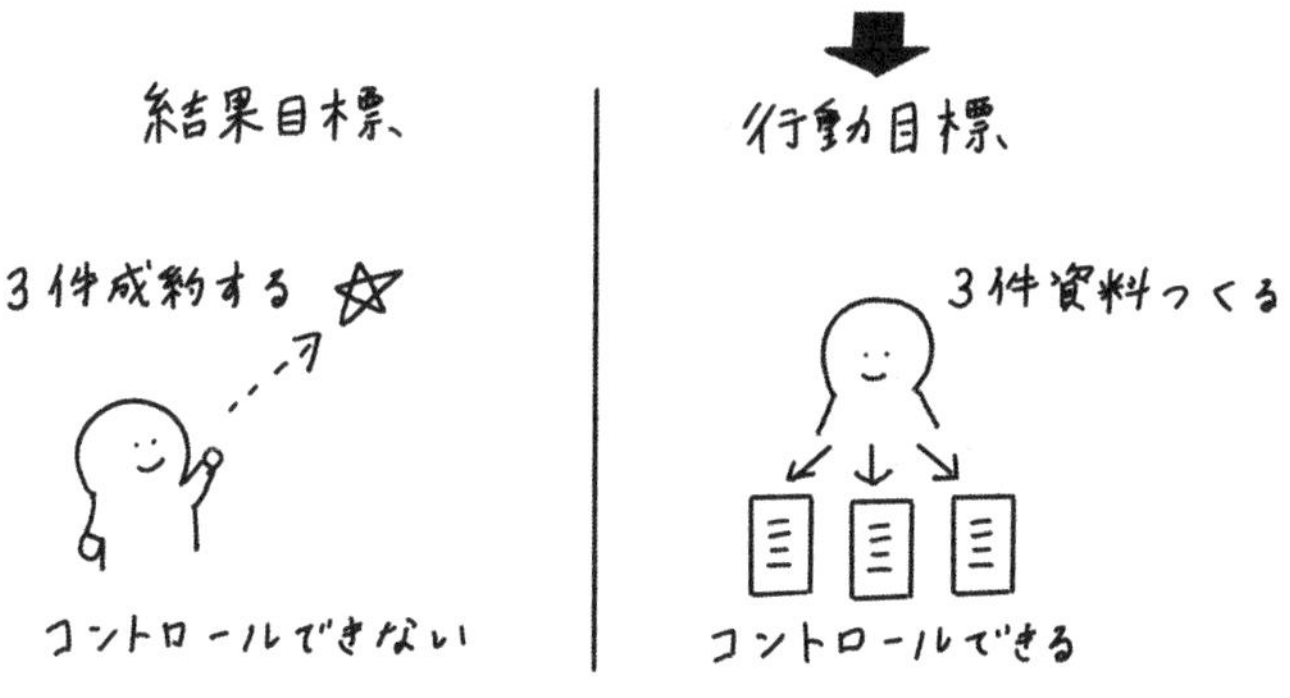

038

先延ばし癖があるなら、

# 目標を小さくする

先延ばし癖をなくすポイントは、できるだけ目標を小さく設定すること。飛び越す必要があるハードルを、できるだけ低く設定するということです。

『成功する人は心配性』（菅原道仁 2017）

内向型の性格には、完璧主義の傾向が見られがちです。このような性格傾向が、仕事に対する不安やリスクを増やし、結果的に行動を先延ばしにしてしまうことがあります。でも、この問題に対処する方法があります。それは、**目標を小さくする**ことです

メリットは2つあります。

・取りかかるときの労力が小さくなり、行動を起こしやすくなる。
・小さな成功体験を積み重ねることで、モチベーションが維持できる。

『人見知りが治るノート』（反田克彦 2014）では、「人見知りを克服する」という大きな目標に対して、「スピーチで逃げずに自己紹介をする」「最初の言葉と終わりの言葉を間違えずに言う」などの小さな目標を立てることが推奨されています。

元プロ野球選手のイチローが、メジャーに挑戦し、234本の新人最多安打記録を達成した日。インタビューで新たな目標を尋ねられ「次のヒットを打つこと」と答えたそうです。小さな目標を積み重ねれば大きな目標を達成できる、と励まされるのではないでしょうか。

## 目標を小さくするポイント

### ①小さなステップに分解する

内向型の分析力を活かし、大きな目標を小さなステップに分解しましょう。これにより、目標が達成可能なステップに細分化され、行動しやすくなります。たとえば、ウェブサイトを構築する場合、コンテンツの作成、デザイン、プログラミングなど、個別のタスクに分けます。

### ②時間枠を設定する

各タスクやステップに時間枠を設定し、期限を持つことで焦りや先延ばしを防ぎます。

### ③自分を褒める

達成したステップやタスクごとに自分を褒めましょう。自己評価とモチベーションの向上に役立ちます。小さなハードルを飛び越えているうちに楽しくなり、気が付いたら大きなハードルを飛び越えることができるでしょう。

039

「どんな仕事が内向型に向いているか」考えるなら、

# 仕事は「作業」×「方法」で考える

自分が何をもっとも大切にしたいかを考え、目標を見つけ、訓練を積み、必要なスキルを習得すれば、自分の理想の仕事を手に入れる機会に恵まれるだろう。
『「静かな人」の戦略書』(ジル・チャン 2022)

「どんな仕事が内向型に向いているか」と考えると、会計士や弁護士などの専門職や研究職、ひとりで作業に集中できる仕事が思い浮かびます。でも、内向型の本を読んで勇気をもらったのは、**どんな仕事にでも内向型の強みを活かせる**ということです。

具体的には、**仕事を「作業」×「方法」で考えてみる**と、内向型の強みを活かすことができます。

たとえば、教師という仕事を、「作業」×「方法」で考えてみましょう。

「生徒に教える」×「大勢の人前で」と考えてみると、人前で話すことが苦手な場合は、気が乗らないかもしれません。でも、**「生徒に教える」×「一対一で」**と考えてみたら、どうでしょうか。

私は学生時代に家庭教師のアルバイトをしていました。大勢の人の前で話すことは苦手でしたが、一対一で教えることは得意だったのです。「大勢の人の前で」というのも、「誰かゲストを呼んで話してもらう」や「自分の得意なことを人前で話す」と方法を変えてみると、自分の強みを活かすことができるでしょう。

他にも、内向型と縁遠いと思われがちな営業職で、内向型の強みを活かした例をご紹介します。ベンチャー企業と非営利団体の役員をしているアキコさんは、20代のときは営業職でお仕事をされていました。「展示会に行って、１００枚の名刺を集める」という使命に対して、9枚目まで頑張ってみたものの、そのあとトイレに籠ってしまったそうです。結果的に13枚までしか集められず、「自分は営業に向いてないのではないか……」と落ち込んだと言います。

しかし、「商談をする」×「展示会で、できるだけ多くの人に」というのを、**「商談をする」×「少数のお客様に、じっくり長期的に」**という方法に変えていくことで、自分の強みを活かし、営業成績が上がっていったそうです。

『内向型のための「営業の教科書」』（渡瀬謙 2020）では、内向型でもリクルートで全国トップになった著者が、「お客様の話をよく聞く」といった内向型の特性が営業の仕事に活きてくることを説いています。

このように、自分の仕事を「作業」×「方法」に分解し、自分の特性を活かせる方法を考えてみましょう。

040

生産的な1日を送りたいなら、

# ルーティン化する

『話べたな人の自己表現の本』（本多信一 2002）

性格を変えずに、習慣を変えよう。

内向型の人にとって、深く考えることは強みである一方、時には弱みとなることがあります。何をするにしても考えすぎてしまうからです。これには、**ルーティン化**が役立つでしょう。ルーティンを確立することで、**行動に移すのが楽になり、考えるエネルギーを節約できるから**です。

『ココロクエスト式「引っ込み思案さん」の教科書』（ねこひげ先生 2019）には、日々の生活の一部をルーティン化することで、決断がぐんと減って楽になると書かれています。たとえば、朝起きて何をしようかと考えるのではなく、あらかじめ何をするのかを計画しておくのです。

朝のルーティンをつくっておくことで、生産的な1日のスタートを切ることができます。

内向型の人たちに話を聞くと、ルーティン化をうまく取り入れていることがわかります。

**ルーティン化のメリット**

・考えずに、行動に移すことができる
・ミスが減り、仕事のパフォーマンスが上がる
・考える労力を他に充てることができる

**ルーティン化の例**

・今日の目標を書き出す
・思い浮かんでいることを書き出す
・瞑想をする

『なぜ、成功者たちは「フシギな習慣」を持っているのか？』（濵栄一 2013）によると、アインシュタインは「小さな成功をイメージしてから作業する」というルーティンを行っていたようです。

私自身も試行錯誤しながら、ルーティン化することで生産的な1日を過ごしています。たとえば、**毎朝の散歩**。日光を浴びながら静かな自然の音に触れることで、頭がすっきりし、日々の始まりに向けてリフレッシュすることができます。自分なりのルーティンを築いて、生産的かつ充実した1日を過ごしましょう。

041

# マルチタスクが苦手なら、シングルタスクに集中する

内向的な人は、落ち着いた環境で、誰からも邪魔されず、深く集中し、完全なフロー状態になれるとき、最高の結果を残せるのです。

『敏感な人や内向的な人がラクに生きるヒント』（イルセ・サン 2018）

「マルチタスクが苦手……」といった悩みはありませんか。

今ではスマートフォンが日常的に使われ、私たちは多くの情報に囲まれており、常にオンラインでいなければならない状況が一般的です。資料作成中にメールをチェックする、会議中に別の仕事に気を取られるなど、マルチタスクをする状況がよくあります。ところが、内向型の多くが「マルチタスクが苦手」と感じていることが、内向型の本に多く書かれているのです。

集中している状態から別のタスクに切り替えてしまうと、再び集中モードに入るのに時間がかかります。タスクに追われるうちに、1日が過ぎ去ってしまうこともあるでしょう。

では、どうすればタスクに集中して、生産性を高めることができるのでしょうか。

内向型にすすめられているのは、**シングルタスクに集中する**ことです。

『SINGLE TASK 一点集中術』（デボラ・ザック 2017）によれば、**脳は一度に1つのことにしか集中できない**と指摘しています。つまり、複数のタスクを同時にこなしているようでも、実際にはタスクを切り替えているだけで、その分、集中力と生産性が低下してしまうのです。

## シングルタスクに集中する方法

### ①スマートフォンから距離を置く

スマートフォンの通知から物理的に遠ざかり、集中を妨げられない環境を整えましょう。

### ②思い浮かんだことはメモで書き出す

たとえば、資料をつくっている最中に、「会議の議題が……」と別のことが思い浮かびます。その際はメモをしましょう。気になっていることを書き出すと、目の前のタスクに集中できます。

### ③集中モードの時間を区切る

一定の時間を区切ってタスクに集中し、その後に休憩をとることで、集中力を維持できます。

たとえば「○○時までは、集中モードにする」とか、仕事を25分ずつのセッションに分け、そのあいだに短い休憩をはさむ時間管理術もおすすめです。

042

締め切り間近に焦ってしまうなら、

# 仕事を「ひと口サイズ」にする

大事なのは、じりじり進みつづけること、そして、必ずできると自分に言いつづけることだ。ミクロの歩みを重ねることこそ、内向型の人にいちばん適した働きかただ。
『内向型を強みにする』（マーティ・O・レイニー 2013）

締め切り間近に焦ってしまうことはないでしょうか。

『内向型を強みにする』（マーティ・O・レイニー 2013）によると、内向型は締め切りが苦手なので、**仕事を「ひと口サイズ」にする**ことが大事です。目の前に大きくて難易度の高いタスクがあると、不安になってしまい、なかなか手が付けられません。でも、仕事を今すぐに取り掛かれるサイズにすることで、行動に移すことができるのです。

「気が進まない……」と思うなら、まだ仕事が「ひと口サイズ」になっていない証拠かもしれません。行動力がないのではなく、サイズ設定に問題があるのです。たとえば、ある助成金に応募するという大きなタスクがありました。初めてだったので、何から手を付けていいかわからず、途方に暮れていましたが、次のように行動できるサイズにすることで実行できました。

（例）
- 説明会の日程を確認する
- 説明会に参加する
- 必要な応募書類をダウンロードする
- 応募書類の内容を確認する
- 関係者との1回目のミーティングを設定する
- 1回目のミーティングまでに、目的を整理する
- 応募書類の1項目を下書きする
- 応募書類の下書きを関係者に共有する
- 2回目のミーティングまでにフィードバックをもらう

このように、大きな仕事を「ひと口サイズ」に分割することで、不安が軽減され、仕事を着実に進めることができます。もしもタスクを分割できない場合は、経験のある人からアドバイスやサポートを受けることも検討してみましょう。

**「ひと口サイズ」ずつ、仕事を完了**させていくことで、大きな仕事を完了させることができます。

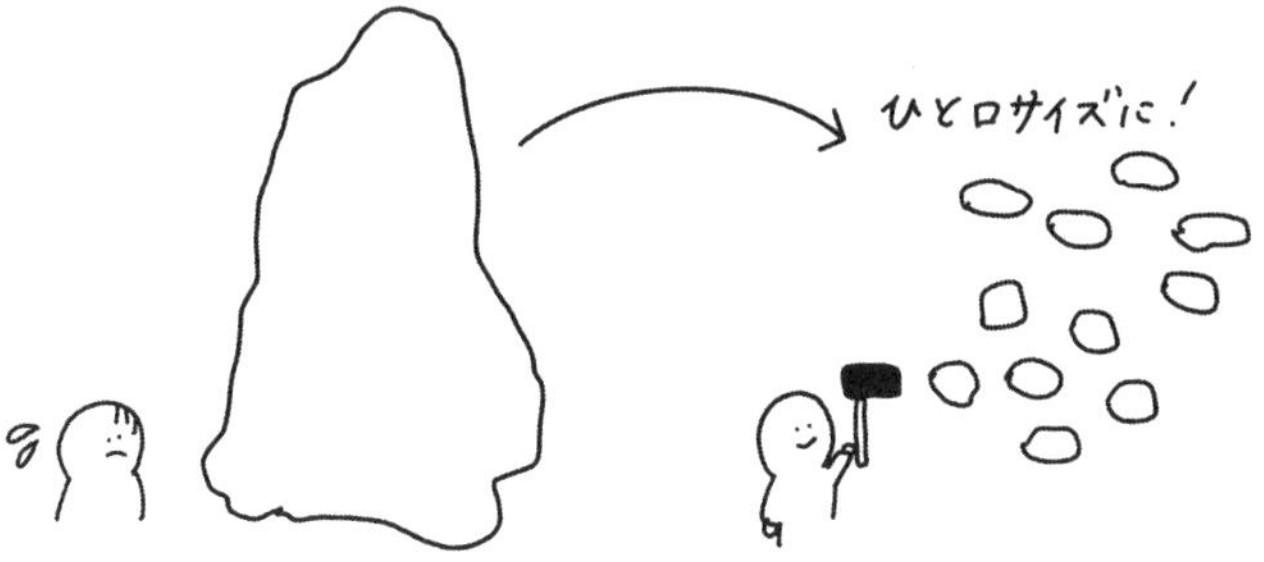

043

「仕事にやりがいを感じられない」なら、

# 自分なりに「意味」を加える

もし0・001でもプラスなら、やる意味があるんじゃないかと私は思って、一歩を踏み出している。
『自分思考』（山口絵理子 2011）

「仕事にやりがいを感じられない」そう悩んだことはないでしょうか。

これまで内向型の人にお話を聞いてきて、仕事を楽しんでいる人には共通点があることがわかりました。それは、**自分なりに楽しめる「意味」を加えている**ことです。

「意味」を加えると、やりがいを感じない仕事をやりがいのあるものへと変えることができます。ここに内向型の強みが活きてくるのです。内向型の人は自分の内側にエネルギーを向けるので、自分自身の関心や強みを探求し、仕事に自分なりに楽しめる「意味」を見出すことができるからです。

内向型で公務員として働いているユウキさんの例をご紹介します。彼女は新しいプロジェクトのメンバーになったとき、仕事にやりがいを感じられない時期がありました。自分がメンバーとして何をできるかを考え、「内向型として、発言の少ない人の気持ちに寄り添える」という意味を見出しました。何となく話しづらそうにしている人に一対一で声をかけるなど、自分ができることをやっていったら、チームの雰囲気がよくなり仕事にやりがいを感じられるようになったそうです。

では、やりがいを感じられないときに、具体的にどうすればよいのでしょうか。

たとえば、私の場合は200人ひとりずつにメッセージを送るというタスクがあったときに、正直めんどうだなと思いました。でも、次に示す手順で自分なりに楽しめる「意味」を加えてみたら、同じタスクでも楽しんでできるようになったのです。

## 自分なりに「意味」を加えるステップ

### (1)「仕事を楽しめるときは、どんなとき？」を書き出す

過去に仕事を楽しめたとき、やりがいを感じられたときのことを思い出して、書き出してみましょう。

私の場合は、次の3つがあります。

①人に喜んでもらえたとき
②タスクが終わって、達成感を味わえたとき
③効率化できたとき

**(2) 自分が仕事を楽しめるときに対して、「どんな意味を加えられるか?」を書き出す**

たとえば、200人にメッセージを送るタスクでは、次のようになります。

**①人に喜んでもらえたとき**

ひとりひとりにメッセージを送るのは、「一対一で喜んでもらえるチャンス」でもあります。返ってくる反応を想像しながらメッセージを考えて、ひとりひとりに送ることで、反応を楽しめるようになりました。

**②タスクが終わって、達成感を味わえたとき**

「何人に送ったか」がわかる進捗リストをつくり、「小さな達成感を味わえるチャンス」にしました。「50人まで送った!」と達成感を味わいながら進むことができるようになりました。

**③効率化できたとき**

あらかじめ定型文をつくっておき、それにひとりひとりに合ったメッセージを付け加えることで、「効率化をするチャンス」を見出すことができました。

仕事にやりがいを感じたいなら、自分なりに楽しめる「意味」を加えてみましょう。

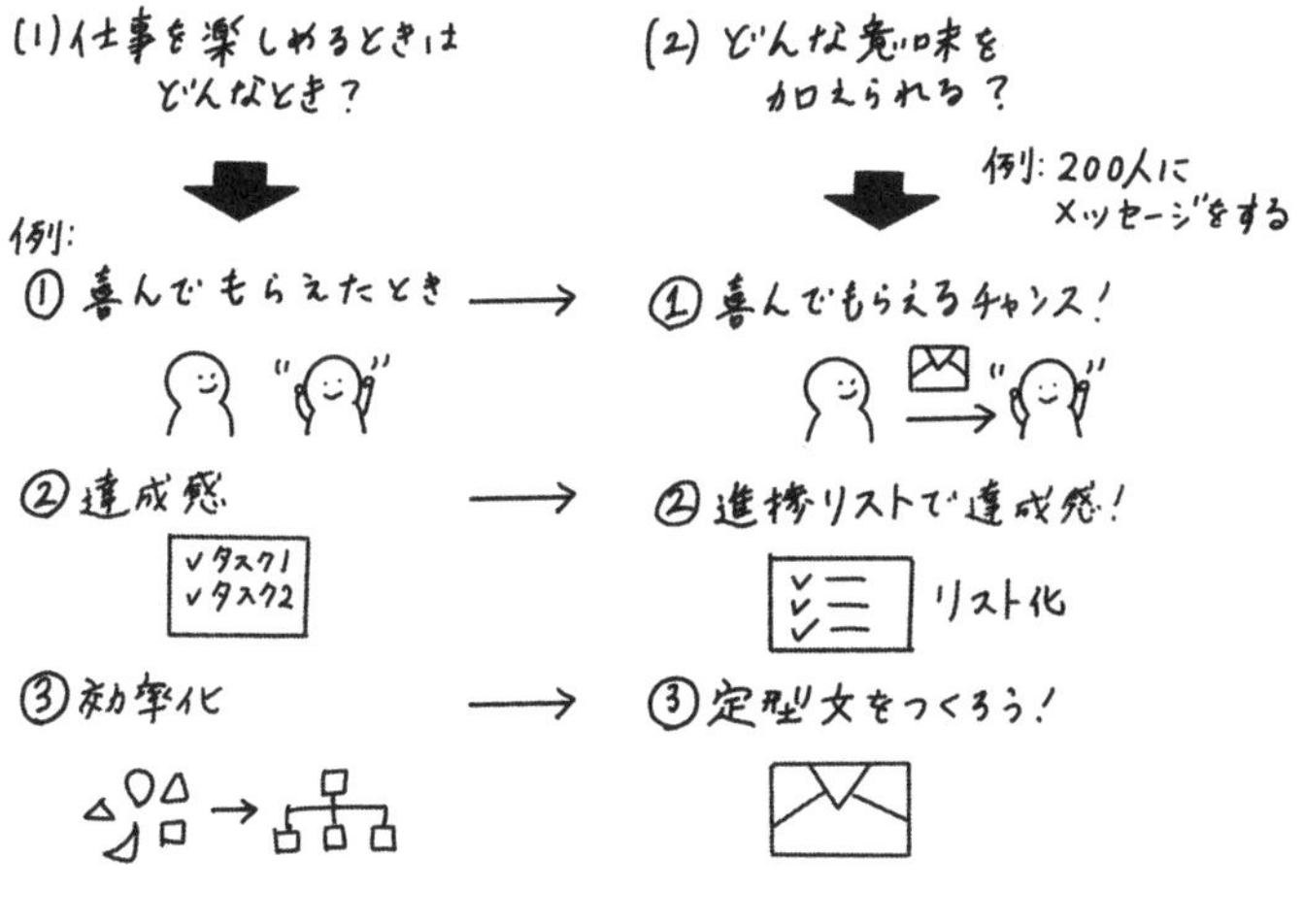
(1)仕事を楽しめるときはどんなとき？
(2)どんな意味を加えられる？
例:
例: 200人にメッセージをする
①喜んでもらえたとき
①喜んでもらえるチャンス!
②達成感
✓タスク1
✓タスク2
②進捗リストで達成感!
リスト化
③効率化
③定型文をつくろう!

044

# 完璧主義になってしまうなら、「80点」でOKとする

内向型に多い完璧主義のタイプなら、ある程度の長所を持っているのにもかかわらず、自己評価が厳しすぎるあまりに見逃してしまっていることもあるでしょう。

『仕事・人間関係・人生が好転する！「内向型の自分を変えたい」と思ったら読む本』（渡瀬謙 2017）

内向型の人とお話すると「完璧主義になってしまいがち」との悩みをお伺いします。

私も資料をつくるにしても、イベントをするにしても、できれば100点を取りたいと思っていました。でも、**「パレートの法則」**という概念を知ってからは、考えが変わりました。

この法則とは、イタリアの経済学者 ヴィルフレド・パレートが発見したもので「80：20の法則」とも呼ばれます。仕事に取り入れることで、時間と心に余裕ができるのです。

パレートの法則によれば、たいていの場合、**全体の成果の80%を達成するのに必要な労力はわずか20%**です。しかし、残りの20%を達成しようとするために、残りの80%の労力を費やすことがよくあります。この法則を知ってからは**「80点」でOKとする**ようにしました。

『内向型人間だからうまくいく』（カミノユウキ 2020）では、この法則で仕事の選択と集中をす

ることが推奨されています。**どの仕事が20%の重要な仕事なのかを見極め、限られたリソースをその重要な仕事に集中させる**ことが大切です。このアプローチにより、内向型の人は余裕を少しずつつくることができます。

たとえば、私がイベントの企画運営の仕事をしていたときは、制作物の文面や、台本のチェックなど、細かい作業が山のようにありました。二重にも三重にもチェックを重ねていると、イベント日が近づくほど作業の量が多くなっていき、残業が増えていきました。

もちろんお客様や関係者に影響がある点は押さえておく必要がありますが、そうではない細かい所は「80点」で納得をし、完璧を追求しないことにしました。**時間的制約を設けるなどして少しずつ実践する**ことで、掛かる時間を削減しながら、それまでと同様のアウトプットができるようになったのです。

内向型は、ついひとりだけで完璧を求めがちな傾向があるので、他の人の助けを借りて協力するのもよいでしょう。

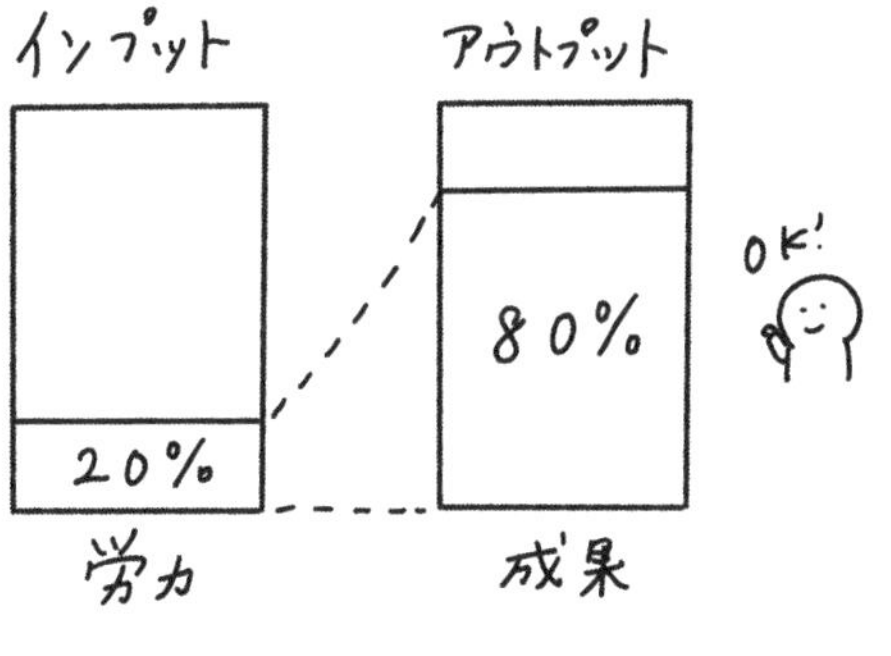

045

自己アピールが苦手なら、

# 自分がやったことを「記録」する

控えめに謙遜ばかりしていると、まわりの人たちに自分の貢献をわかってもらえなくなる。

こういう癖から抜け出すには、自分が達成したことを細かく書きとめておくこと。

『「静かな人」の戦略書』（ジル・チャン 2022）

「外向型の人はアピール上手で評価されるけど、内向型の人はなかなか評価されない」

「でも、自分でアピールするのは苦手……」

これは内向型の人たちがよく抱える悩みの1つです。内向型の人は、一般的には控えめで、自己アピールが苦手な傾向があり、上司や同僚から過小評価されることがあります。


しかし、自己アピールを意識する必要はありません。**自分がやったことを記録し、定期的に報告**すればよいのです。その際に、「これは私の成果じゃないかもしれない」とか「こんな些細なことを記録する必要はあるのかな？」といった遠慮は捨ててください。小さなことでも記録することが大事です。「できたこと」ではなくて「やったこと」で問題ありません。

たとえば、「○○の資料作成をした」「○○のマニュアルを作成した」といった**具体的な業務**

**内容**をしっかりと記録しましょう。また、何件のタスクを実施したか、何%の効率向上を達成したかなど、**成果も記録**します。内向型の人は、粘り強く着実に仕事をすることができます。やってきたことひとつひとつはたとえ小さくても、積み上げれば大きなものになるでしょう。

内向型でマーケティング業務に携わっているユウミさんは、自分がやったことを丁寧に記録し、定期的に報告しています。上司との面談に向けては、記録してきた情報をもとに、十分に準備して臨んでいるそうです。自分のやってきたことをきちんと報告すれば、上司は評価してくれるのです。

内向型の人は、情報を整理することが得意です。そのため、手順書やマニュアルの作成に向いています。具体的な手順やプロセスを詳細に記録することで、**自分の記録が他の人にも役立つ**ことを忘れないでください。

**自分がやったことを「記録」するポイント**

①小さくても、自分がやったことを記録する
②定期的に報告をする
③記録をシェアすることで、周りの人の役に立つことができる

046

他人と比べて落ち込むのなら、

# 自分がやったことの「振り返り」をする

この世の誰とも比べてはいけない。そんなことをするのは自分に対する侮辱だ。
『ビル・ゲイツの思考哲学』（ダニエル・スミス 2022）

「他人と比べないようにしよう」と思えば思うほど、他人が気になってしまうものです。つい他人と比べて落ち込んでしまい、悪循環に陥ります。でも、内向型の人は、自分の強みを活かす方法を見つけることで、この悪循環から抜け出すことができます。具体的には、**「他人と比較するのであれば、過去の自分と比較する」**というアプローチが役立ちます。これは、**自分がやってきたことの「振り返り」をする**方法です。

おすすめのフレームワークがYWTです。これは、日本能率協会コンサルティングが開発した手法で、**Y（やったこと）W（わかったこと）T（次にやること）**の頭文字を取っています。具体的には、次のステップで進めます。

①Y（やったこと）：自分がどんな経験をしたか？　どんな行動・工夫をしたか？　を失敗も含めて書き出します。
（例）プレゼンで緊張して声が震えた。今回は時間内にすべてのスライドを話すことができた。

②W（わかったこと）：先に書き出したY（やったこと）を通して、何がわかったか？　何を気づいたか？　何を学んだか？　経験から学んだことを書き出します。
（例）オンラインのプレゼンで、相手の顔が見えないことが不安。初めての内容を話すのは緊張する。

③T（次にやること）：得られた学びを活かし、次にどのような行動をするか？　次に取り組みたいことを設定します。
（例）本番と同じような環境で練習をしてから本番に臨む。

内向型の人は自己分析と内省に優れており、失敗を含む経験を次に活かすことができます。この振り返りのサイクルを繰り返すことで、自己評価を向上させることができるでしょう。

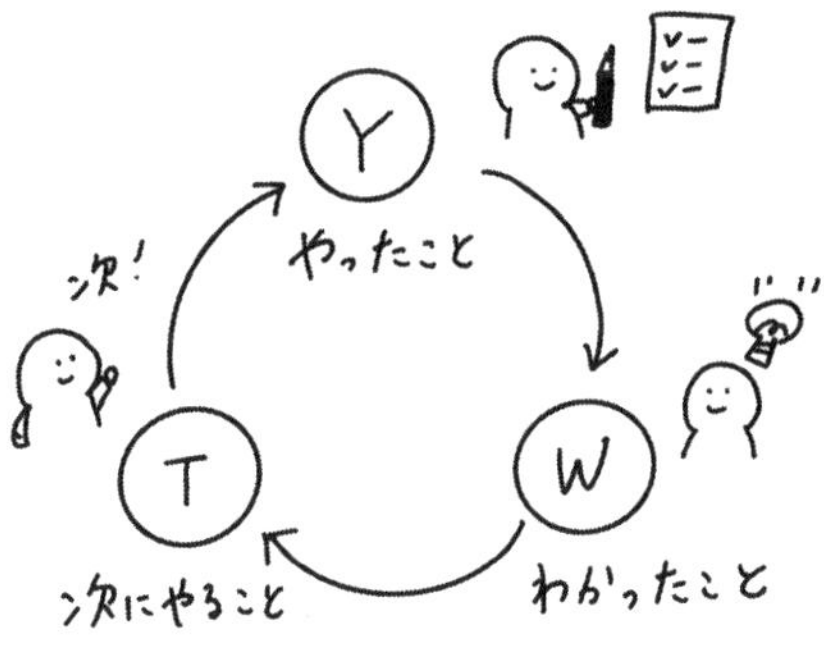

047

正当な評価がされないと悩むなら、

# 相手の「タイプ」に合わせて準備する

内向型はこのような準備が得意だ。しっかり準備しておけば、どんなタイプのマネージャーにも喜ばれる。『「静かな人」の戦略書』(ジル・チャン 2022)

「一生懸命やっているけど、なかなか評価されない……」こんな悩みはないでしょうか。

仕事で評価されるためには、上司など評価してくれる**相手の「タイプ」に合わせた準備**が鍵となります。なぜなら、相手がどのような人柄で、どのような情報を好むかによって、評価やコミュニケーションに大きな影響があるからです。内向型の強みである準備力を活かすことで、正当な評価を得られるようになるだけではなく、仕事が円滑に進むようになるでしょう。

『「静かな人」の戦略書』(ジル・チャン 2022)によると、アメリカの心理学者ウィリアム・マーストンが考案した**性格類型検査「DISC」の4つのタイプに合わせた準備**があるそうです。以前は、何となく上司に合わせた準備をしていたつもりでしたが、意図がなかなか伝わらないことがあり悩んでいました。でも、この準備方法を知ってからは、相手のタイプに合わせて資料などの準備を調整することで、情報を効果的に伝えられるようになりました。

**①主導型**

主導権を握っていきたいという傾向があり、リスクを恐れず突き進めるタイプ。↓簡潔に要点を話せるよう、準備する。

**②感化型**

社交的で相手の気持ちや感情に注意を払う。新しい考え方やイノベーションを好むタイプ。↓感謝を伝える。どんな点が新しいかを伝える準備をする。

**③安定型**

安定を好む、温かい人柄。グループや伝統を尊重するタイプ。↓前例があるか、どうやってチームで協力していくかという点を準備する。

**④慎重型**

じっくりと考え、データや分析を重視するタイプ。↓論理的で、詳細なデータを準備する。

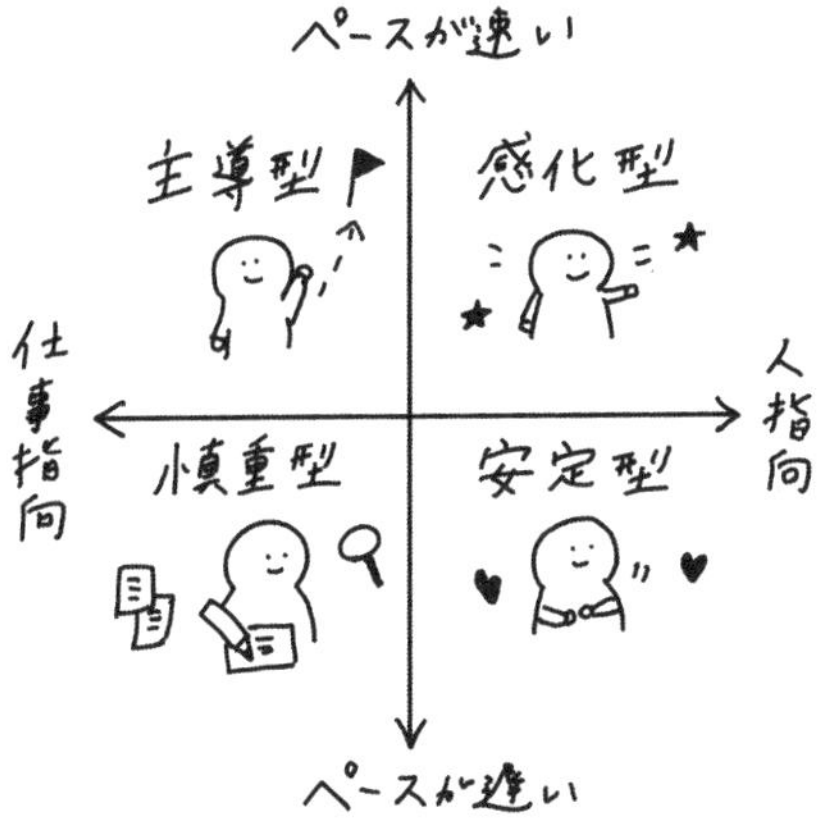

048

「組織に向いてないのかも？」と思ったら、

# 自分なりの判断基準で今の組織を評価する

内向型の思考力は、行動とセットにすることでこそ、
その能力を最大限に発揮できます。
『もう内向型は組織で働かなくてもいい』（堤ゆかり 2020）

「自分には、組織は向いてないのかも？」

内向型の人であれば、一度は悩まれたことがあるのではないでしょうか。

『もう内向型は組織で働かなくてもいい』（堤ゆかり 2020）によると、組織で働くべきかどうかの**7つの判断基準**があるそうです。とても参考になるので、引用させてください。

①今のお給料がもらえればそれでいい
②やりたいことに挑戦できている
③一緒に働きたい人がいる、会社のビジョンに共感している
④経験を積むことを目的にしている

⑤内向型に適した環境が整っている
⑥裁量権があり、ある程度自由に仕事が進められる
⑦社内で悩みを解決できる可能性がある

私は、これに**「働く意義が感じられる」**という自分なりの判断基準も追加し、考えています。「隣の芝生は青い」という言葉がありますが、組織で働いていると、フリーランスや独立の働き方に魅力を感じることがあります。ただし、両者にはそれぞれのメリットとデメリットが存在します。これらの判断基準を考慮して、組織でのキャリアに対する自身の期待と幸せについて考えてみましょう。どの基準にも当てはまらない場合や、やりたいことなど明確な理由がある場合には、組織を離れる選択肢を検討するのがよいでしょう。

私自身は、組織で働くからこそできることや経験があると気づきました。大きなリソースがあるからできる挑戦もあります。でも、「組織に依存せずに自分の可能性を模索していきたい」「自分が誰かの役に立てることを広げていきたい」と思い、複業をしています。組織を客観的に見ることで、組織で働くメリットも改めて感じることができたのです。自分の働き方やキャリアを、**自分なりの判断基準をもとに定期的に見直す**とよいでしょう。

049

内向型がキャリアを築くには、

# 「専門性」を磨く

深く探れば探るほど、知りたくなることが多くなります。人間が存在するかぎり、それはつねにそうであり続けるとわたしは確信しています。
『アインシュタインの言葉』（（翻訳）2015）

キャリアを築く際に、**「専門性」**は強みになります。専門性は、組織やクライアントから信頼される存在になるために役立ちます。内向型の人にとって、専門性は特に力を発揮する領域の1つです。なぜなら、内向型の特性は深い思考や集中力を持つことができることで、専門的な知識を継続的に発展させるのに向いているからです。

『内向型のままでも成功できる仕事術』（モラ・アーロンズ・ミリ 2018）には、専門性を磨くことが仕事につながる、と書かれています。特にニッチな狭い範囲の部分に特化することをすすめています。

私はエンジニアとしてキャリアを始めました。もともと文系の学部卒で、コンピューターのことも全くわからないなかで、新卒でエンジニア職として入社したときは、カルチャーショックでした。周りの同期も、理系の大学院卒がほとんどで、「なんで文系のあなたが、この職種で入社したの？」と言われるくらいでした。新卒研修はついていくのに必死でしたし、その後、配属されてからは、どのように自分の役割を見出していくか、どのように組織に貢献していけばいいのかを見失ってしまいました。

そんなときに考えたのが、周りのみなさんが知らないような新しい技術を学ぶことでした。新しい技術はトラブルも多いし、情報が限られているので、自分で何とかするしかありません。コンピュータールームにこもりながら、トラブルが起きては検証することを繰り返していました。その技術について粘り強く、中長期的に学んだことにより、周りに教えられるくらいにまで成長することができました。勉強会を主催するようになってからは、「○○の技術なら、鈴木さん」と認識してもらうようになったのです。

専門性を磨くのは、エンジニアなどの専門職でなくてもできます。たとえば、「オペレーションの改善をするには○○さん」「プロセスチャートをつくるなら○○さん」と**自分の仕事の中で、自分の得意が活かせる領域**を見つけてキャリアを切り拓いている内向型の人もいます。

## 「専門性」を磨くステップ

### ①自分自身の興味や、得意なことを知る

まず、自分の興味がどの分野に向いているのかを考えましょう。
・何に対して興味を持ち、深く探求したいと思っていますか？
・自分の得意なことを活かせている分野はありますか？
・自分にとっては当たり前に思えることで、人から感謝されることは何ですか？

### ②学び続ける

専門性を磨くためには学び続けることが欠かせません。書籍、オンラインコース、セミナー、専門家との対話など、学習の機会を積極的に探しましょう。

### ③実践と実験をする

学んだことを実践に移すことが大切です。プロジェクトや実務経験を通じて、専門性を磨くチャンスを活かしましょう。また、新しいアイデアや方法を実験してみることも大切です。

### ④共有する

専門性を磨いたら、それを周りの人と共有しましょう。社内での情報共有、勉強会などを通じて、専門知識を広めることができます。内向型の人は、深い洞察力を持つことが多いため、他の人たちにとって価値のある情報を提供できます。

自分なりの専門性を磨いていきましょう。

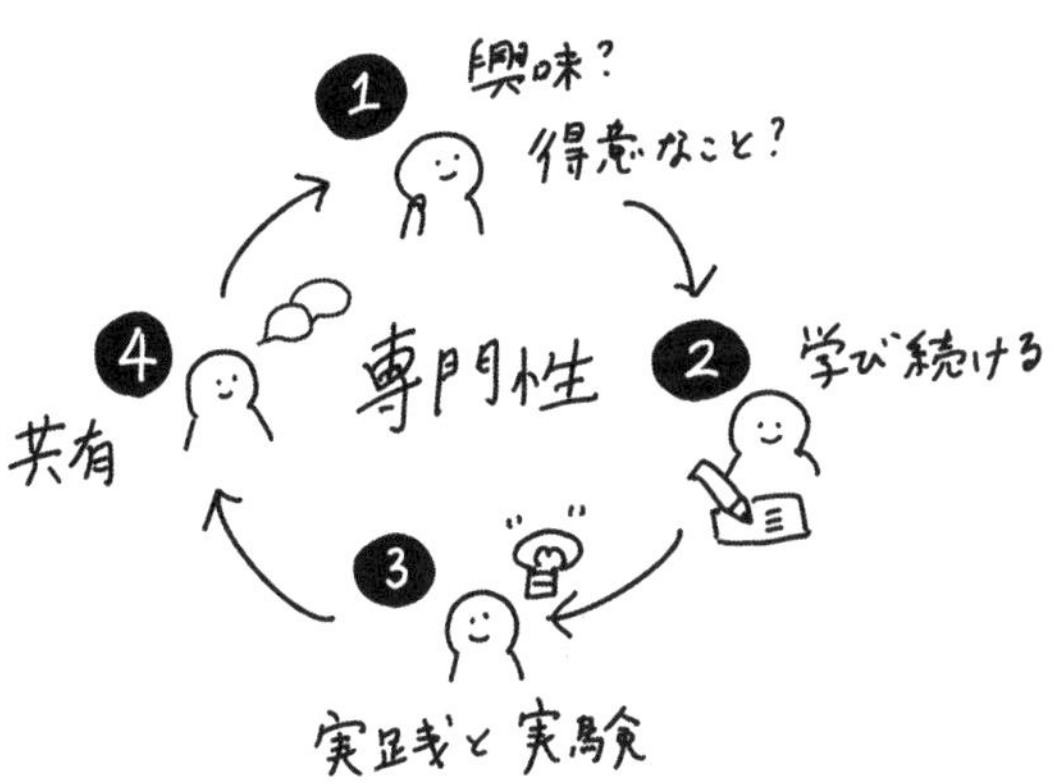

050

もっと学びを深めたいなら、

# 勉強会を「主催」する

私たちも小さなことで良いので、だれにも負けないものを作りましょう。
『人見知り芸人に学ぶ ムリをしない社交術』（田中イデア 2014）

もっと学びを深めて、キャリアを築いていきたいなら、勉強会を**「主催」**してみましょう。誰かに教える経験を通じて、学びがより深まり定着するだけでなく、仕事につながる可能性もあります。

もしかしたら「人に教えるほど、詳しくないし」と思われるかもしれません。でも、小さな勉強会から始めれば大丈夫です。私自身、同じ部署の人向けに10分程度お話しするところから始めました。勉強会当日までは、「なんで、やるって言っちゃったんだろう」とプレッシャーを感じることもありましたが、教えることで学びが体系化され、やがては参加費をいただく講座を自分で立ち上げたりするようになりました。

「この分野は私が詳しいかも」と思うことについて、教える機会をつくってみましょう。

内向型の人は深い洞察力を持っているため、自分が深く理解している分野について教えることは、思っている以上に参加者に喜んでもらえる機会となります。

内向型の友人であるユウコさんは、積極的に勉強会を「主催」しています。実際にやってみると、学びが深まる、周りの人に名前を覚えてもらえる、新しいチャンスにつながるなどのメリットを実感しているそうです。

### 内向型が勉強会を主催するポイント

**①まずは小さく**

同じ部署の人や、気の知れた仲間など、身内から小さく始めましょう。

**②事前の準備をしっかり**

内向型の人は計画的であり、予測可能な状況を好む傾向があります。しっかりと計画を立て、タイムスケジュールと資料を準備しておきましょう。

**③周りの人の助けを借りる**

自分だけですべてを完璧にしなくても大丈夫です。たとえば、「盛り上げ役」とか「事務的なサポート役」など、自分が苦手なところは周りの人に補ってもらいましょう。

051

キャリアにモヤモヤを抱えているなら、

# 戦略的に「資本」を貯める

人間には、自分の思い描く理想をなんとか現実のものにしたいという欲求がある。
とくに内向型人間は、この欲求を強く持つようだ。
『99%の人が知らない「内向型な自分」の磨き方』(榎本博明 2012)

「人生100年時代」と言われるようになり、仕事をする期間も長くなり、キャリアに悩みやモヤモヤを抱えることもあるのではないでしょうか。私は40代になる前、キャリアに悩んでいたころに、キャリアを「資本」と考え、戦略的に貯めることの大切さを知りました。

それまでキャリアとは、「会社に紐づくもの」そして「組織の中の自分」と思っていたのですが、あくまでも自分が中心となることが大切でした。内向型は、心の中に理想を描き、戦略を考えることができる強みがあります。

『プロティアン 70歳まで第一線で働き続ける最強のキャリア資本術』(田中研之輔 2019)によると、キャリア形成時に蓄積されるものを「資本」と考える方法があります。キャリア資本は、

①ビジネス資本、②社会関係資本、③経済資本の3つから成るそうです。

**①ビジネス資本**……スキル、知識、資格、学歴、職歴などの資本
**②社会関係資本**……職場、友人、地域などでの持続的なネットワークによる資本
**③経済資本**……金銭、資産、財産、株式、不動産などの経済的な資本

キャリアの戦略を立てるうえで、**「ビジネス資本」と「社会関係資本」の2つが重要**です。なぜなら、この2つを貯め続けていくと、結果として新しいチャンスが広がり、「経済資本」につながるからです。逆に「経済資本」だけを考えてしまうと、一向に「ビジネス資本」「社会関係資本」が貯まらずに頭打ちになってしまいます。

戦略というのは、自分なりのゴールを決めて、「そのゴールに対して、この資本が足りないから、今はそれを貯める時期だ」といったアクションを決めて、行動することです。

内向型で大学図書館司書をされているトモコさんは、次に挙げるように、戦略的にキャリアの「資本」を貯めて、チャンスを広げています。

**①ビジネス資本**

スキルの種類を増やせるか、自分が持っているスキルの熟練度を上げられるかを基準に副業をしているそうです。具体的には、ライターや読書会のファシリテーターなどを務めています。

**②社会関係資本**

講演会やセミナーで、人とのつながりを増やし、同じ目的で集まっている人たちと、ゆるいつながりをつくることを実践されているそうです。

短期ではなく、長期かつ戦略的に「資本」を貯めていきましょう。

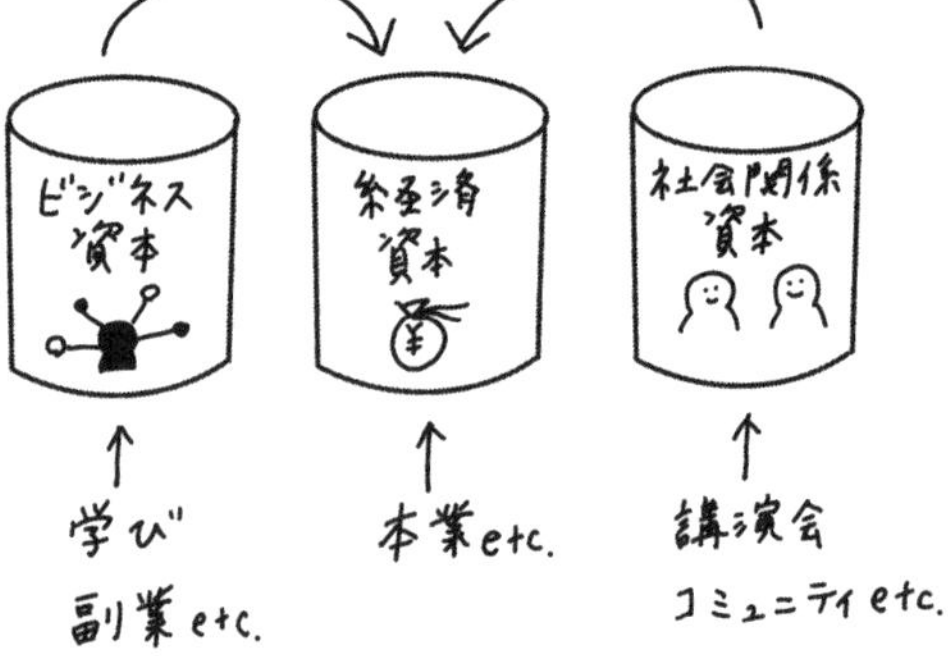

052

「お金をどう使うのか?」に迷うなら、

# 「5%」のお金を使う習慣を持つ

内向型は自己投資にお金を使おう
『内向型人間だからうまくいく』(カミノユウキ 2020)

「お金をどうやって貯めるのか?」という話はあっても、「お金をどう使うのか?」についてはは学ぶ機会は多くないのではないでしょうか。

『内向型人間だからうまくいく』(カミノユウキ 2020)によれば、内向型の人にとってはモノや娯楽よりも、自己成長やスキル向上など、**自分の「内面」にお金を使うことが幸福感につながる**とされます。

おすすめしたいのは、**「5%」のお金を使う習慣**です。具体的には、収入の「5%」を学びに、「5%」を社会に使うことです。

先の項の「ビジネス資本」「社会関係資本」を貯めることにつながります。

## 「5%」のお金は「学び」へ

収入の「5％」を「学び」へ使う習慣です。お金を使うと「元を取ろう」との気持ちが生まれるので、学びへの集中力が高まります。「今買わなくてもいいかな」と、なかなかお金を使えないこともあったのですが、あらかじめお金を天引きし「5％」を使うことを意識すると、段々とハードルが下がっていきました。

たとえば、本、セミナー、講演会、学びの場など、ちょっとでも興味を持ったり、誰かにすすめられたりしたら、まずやってみる。結果的に、自分の人生が変わるような経験につながった例を挙げればキリがありません。

## 「5％」のお金は「社会」へ

「学び」とは別に、収入の「5％」を「社会」に使っています。その方法の1つとして挙げられるのが寄付です。寄付をすることで、社会との接点が増える、社会課題が自分ごとになる、社会に少しでも貢献できている感覚は自分の心を豊かにします。

たとえば、1000円で自分のご飯を買うのと、どこかの団体に寄付するのを比べてみると、後者のほうが、心が満たされる感覚を持てるのです。

その他、クラウドファンディングやソーシャルグッドの活動、商品を買うのも同様です。自分が持っていなかった視点を知ることで、人生はより豊かに、おもしろくなるでしょう。

053

「今の仕事を続けるべき?」と迷ったら、

# 「変えられる」ことを行動する

私たちは、自分のやり方で自分らしくいられるような内なる自由度を高める可能性を持ち合わせているのです。
『敏感な人や内向的な人がラクに生きるヒント』(イルセ・サン 2018)

「今の仕事を続けるべき?」と考えたことはありませんか。たとえば、会社で働いている人なら、転職や独立、あるいはそのまま会社に留まるべきか、迷う瞬間が訪れることでしょう。

私自身も何度もこの疑問にぶつかりました。そんなときにおすすめしたいのは、**自分が「変えられる」ことを行動する**方法です。内向型の強みである慎重さを活かし、小さな行動から始めてみることで新しい可能性を拓くことができます。

## 「変えられること」を行動するステップ

**(1) 現状の何に「問題」を感じているか?**

自分が抱える課題や不満を書き出しましょう。たとえば、「①新しいチャレンジがない」「②長らく同じチームで働いており、新たな刺激がない」といった具体的な問題点を書き出します。

**(2) それらの問題がどうなると「理想」か?**

理想像を具体的に書き出すことで、目指すべき方向が明確になります。たとえば、「①新しいチャレンジができ、やりがいを感じられる」「②新しいメンバーと関われ、刺激がある」といった理想を描いてみましょう。

**(3) 自分で「変えられる」こと、「変えられない」ことに分ける。**

「変えられる」ことを明らかにしましょう。たとえば、「①今いる会社で新しいプロジェクトに挑戦する」「②新しいプロジェクトの機会を見つけ、新たな経験を積む」などが考えられます。

一方で、変えられないことは、他のチームメンバーの行動などが挙げられます。

**（４）「変えられる」ことに向けて具体的な「行動計画」を立てる。**

「変えられる」ことについて、具体的な行動を考えてみてください。たとえば、「上司にチャレンジしたいことを相談する」「他のプロジェクトに関与するチャンスを探す」など、できる行動を考えましょう。

**（５）期間を設定して、「行動」しましょう。**

内向型の人が大きなリスクを取る前に、自分で「変えられる」ことを見つけ、着実なステップを踏むことは、キャリアにつながる重要なプロセスです。

小さな行動から始めることで、失敗やリスクを最小限に抑えつつ、新しい道に進む可能性を模索できるでしょう。

054

面接が不安なら、

# 相手のことを調べる

時間をかけてじっくりと周辺情報を集めていくことで、内向型人間たちは新しい考え方や、行動指針などの揺るぎない主張を展開することができるようになっていきます。
『内向型人間がもつ秘めたる影響力』（ジェニファー・B・カーンウェイラー 2013）

面接や面談で、初めての人と話すのは緊張しますし、不安を感じます。これまで私は、面接で数えきれないほどの失敗をしてきました。新卒採用で就職活動をしていたときは、約100社に応募し、「言いたいことを言えなかった……」と肩を落とす日々でした。

転職活動でも失敗が続いていたのですが、あるとき気づいたのです。自分のことばかりに意識が向きすぎて、相手のことを調べることができていなかったと。

『内向型人間がもつ秘めたる影響力』（ジェニファー・B・カーンウェイラー 2013）には、面接では**いかに相手のことを調べるかが成否を分ける**こと、それに**内向型の準備力が活かせる**ことが書かれています。

面接や面談など誰かと話すときに、事前に相手のことを調べておくことで、不安が少し軽減され、よい状態で臨めるでしょう。

## 相手のことを調べる方法

### ①企業のことを調べる

面接先の企業のことを調べます。公開情報だけではなく、転職エージェント、その企業で働いている人、つながりがある人に直接話を聞くと、リアルな情報を知ることができます。募集要項を読み込み、自分にどんな役割が求められているかを調べましょう。

### ②面接官のことを調べる

面接とは、面接官とのコミュニケーションです。いかに相手によい印象を与えられるかが成否を分けます。

面接を調整されている方に「どなたが面接をしてくださるのか？」を聞いてみます。お名前で検索すると、インタビュー記事やソーシャルメディアから情報が取れることもあります。面接官がどのような仕事をしてきたか、どのような考え方をしているかを想像しましょう。面接官のことを事前に調べていると、初めてお会いするときの緊張が和らぎます。

面接では「何か質問はありますか？」と聞かれますので、事前質問も用意しておきます。私は、面接官の方に「なぜ、この会社に入られたのですか？」を必ず聞くようにしていました。

055

## やりたいことが見つからないなら、ちょっとずつ「できること」を増やす

仕事にかぎらず、勉強でもスポーツでも趣味でも、何でもそうだが、「できること」が増えていくと「やりたいこと」が変わっていくものである。

『一流は知っている！　ネガティブ思考力』（榎本博明　2016）

「やりたいことを見つけよう」

なかなかやりたいことが見つからない私には、この言葉をプレッシャーに感じます。

キャリアを考える際などに、よく用いられるリクルート発祥の「Will Can Must」のフレームワークがあります。
・Willは「やりたいこと」
・Canは「できること」
・Mustは「やらなければならないこと」
Willが無ければ、Canから始めましょう。Canの輪が大きくなれば、チャンスが増え、自然とWillにつながります。つまり、ちょっとずつ「できること」を増やせばよいのです。

あるとき「**Can星人**だね。地に足をつけて、できることをやり続けている」と、ありがたいフィードバックをいただいたことがあります。

## できること（Can）を増やす方法

「できること（Can）を増やす」というと、スキルを上げなきゃ、経験を積まなきゃとプレッシャーを感じてしまうかもしれません。次に示す例のように、できること（Can）の「点」をちょっとずつでも増やせばよいのです。

・今の仕事で新しい方法を試してみる
・今の仕事以外でちょっと新しい挑戦をしてみる
・興味ある分野を調べてみる
・新しい本を読んでみる

スティーブ・ジョブズの「コネクティング・ザ・ドッツ」の理論で、点が増えていけば、線としてつながる確率が高まるでしょう。

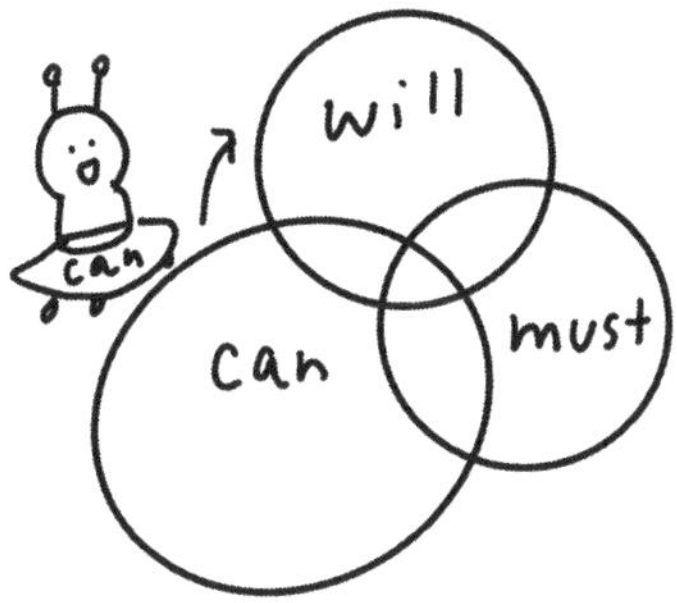

第 5 章

# 内向型が「リーダーシップ」を発揮する

この章では、内向型がいかに優れた「リーダーシップ」の特性を持っているのか、それをどうやって発揮していくのか、を見ていきましょう。

内向型の人で、「自分にはリーダーは向いてない」と言う人は多い傾向にあります。それは、「リーダーシップ」が一般的に外向型の特性と結びつけられることが多いからです。でも、「リーダーシップ」とは、すべての人が持っている力であり、自分と他者を目標に導いていく力です。内向型にも独自の強みがあり、その強みを活かすことで非常に効果的なリーダーシップを発揮できるのです。

**①リーダーシップの考え方**

内向型が得意なリーダーシップの要素や、成功したリーダーの手法を具体的に知り、それを自身のスタイルにどう組み込むかを考えます。尊敬する人物をマネし、リーダーシップの道を切り拓く第一歩として、「言い出しっぺ」の重要性に焦点を当てます。

**②チームワークの方法**

チームワークにおいて内向型がどのように活躍できるかを考察します。目的の共有や、メンバーに弱さを見せることで信頼を築き、存在を承認し合い、お互いの強みを最大限に活かす方法を探求します。トラブルが起きた場合も、それを学びに変えるアプローチを紹介します。

### ③具体的なシチュエーション別

たとえば、会議やフィードバック、プレゼン、交渉といった様々な状況において、内向型がどのような役割を果たし、どのように影響を与えるか、具体例を挙げて解説します。

これによって、これまでご自身でも気づかなかった内向型の強みを活かし、リーダーシップを発揮できるようになるでしょう。

**内向型がリーダーシップを発揮する**

**リーダーシップの考え方**

・内向型が得意な「リーダーシップ」
・尊敬する人をマネする
・「言い出しっぺ」になる

**チームワークの方法**

・「目的」を言葉にする
・「弱さ」を見せる
・存在承認
・「良いところ」を言葉にする
・お互いの強みを活かす
・任せて、見守る
・「トラブル」を学びに

**具体的なシチュエーション例**

・会議
　議事録係を担う
　「考える」時間をとる
　「本質」を突く発言をする
　考えを「型」でまとめる
　ファシリでは「聴く」と「訊く」
・フィードバック
　結果より「プロセス」を言葉にする
　「具体的に」言葉にする
　「本質」を突く発言をする
・プレゼン
　自分を客観視して、準備をする
　「弱さ」を入れる
・交渉
　相手の主張をたくさん「聞く」
　複数の「選択肢」を用意する
　「小さなお願い」をする

056

「リーダーなんてとても無理」と思うなら、

# 内向型が得意なリーダーシップを知る

心配性の人は、優れたリーダーになる素質があります。ですから、単なる心配性の人で終わらないために、さらに具体的に、細かく細かく心配し尽くせるようになっていただきたいと思います。
『最高のリーダーは何もしない』（藤沢久美 2016）

まず、**「リーダーシップの考え方」**について掘り下げます。

私が、チームリーダーを任されてから悩んでいたのは、「グイグイ引っ張るリーダー」になれないことでした。でも、人それぞれ得意なリーダーシップがあります。自分が苦手とする方法ではなく、得意な方法で力を発揮すればよいのです。

心理学者のアダム・グラントの2010年の研究結果によると、内向型リーダーはメンバーの話を注意深く聞き、メンバーのモチベーションを高められる特徴があるそうです。

この研究結果からわかるように、内向型が得意なのは、**「サーバント（支援型）リーダーシップ」**です。「サーバント」とは奉仕という意味で、メンバーへの奉仕や支援を通じて目標に導く方法です。下図は「グイグイ引っ張る（支配型）リーダーシップ」との違いを示します。

どちらのリーダーシップが有効かは、組織や状況によって異なりますので、時に使い分ける必要もあります。

ただし、変化が激しく正解がない時代には、メンバーひとりひとりの成長を支援する**サーバント（支援型）リーダーシップ**が、これまで以上に求められているのです。

・信頼による関係
・メンバーから聴く
・メンバーの成長を支援する

これらに内向型の特性を活かし、リーダーシップを発揮することができるでしょう。

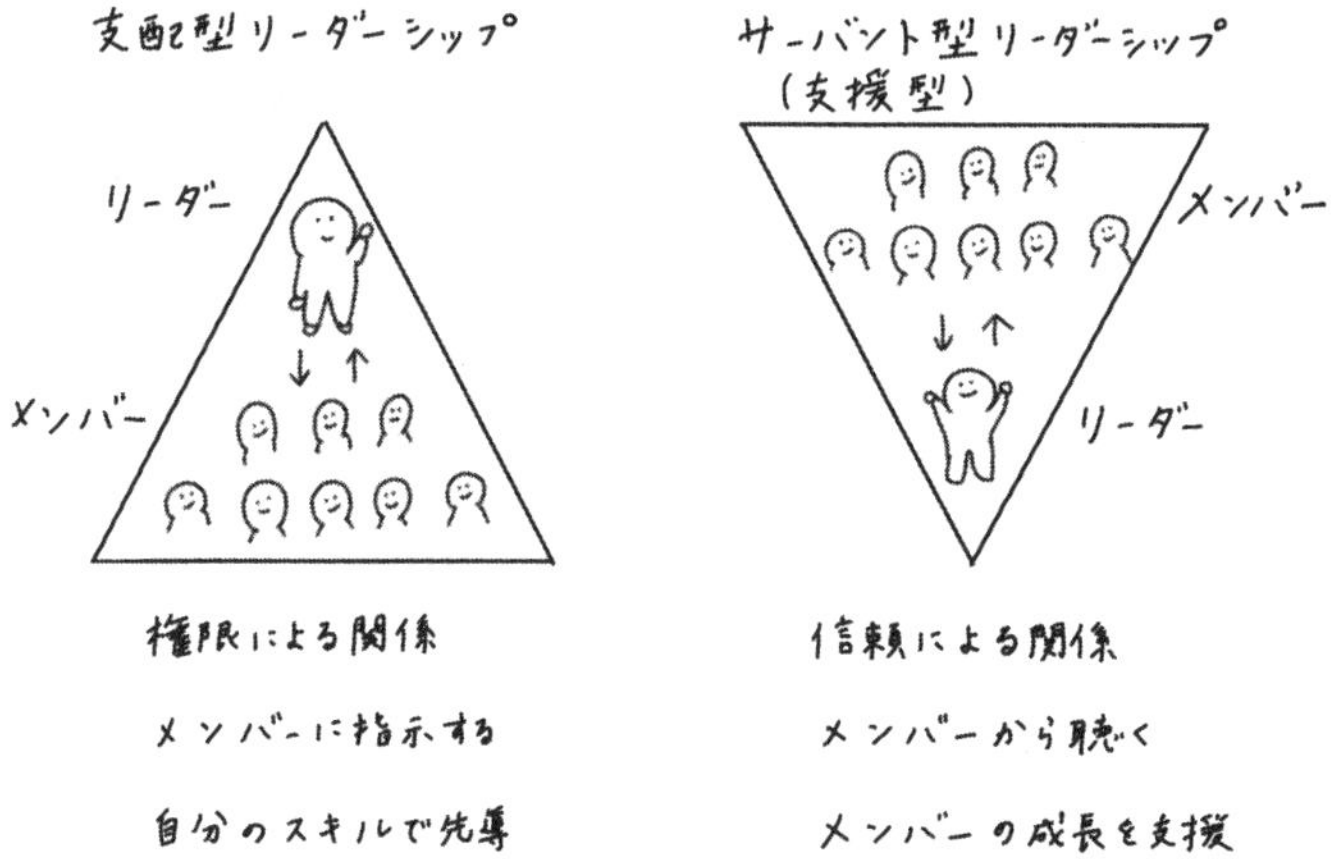

057

## 「自分はリーダーには向いていない」と思うなら、
# 尊敬する人をマネする

大事なのは自分にとってヒーローと呼べる人物を持つことです。
『ウォーレン・バフェット　成功の名語録』(桑原晃弥 2012)

リーダーというと、どういう人をイメージするでしょうか。

私は、「大胆で、力強くて、グイグイと引っ張っている」人をイメージします。なので、どうも内向型の自分には馴染まない。「私はリーダーには向いてないいんだ……」と、ずっと思っていました。

でも、内向型の本を読んでいてびっくりしたのは、偉大なリーダーの中に内向型が予想以上に多いことです。たとえば、アメリカ元大統領の中では、バラク・オバマや、エイブラハム・リンカーンが内向型として知られています。これには、勇気をいただきました。リーダーにはカリスマ型に限らず、いろいろなタイプがあっていいと気づいたのです。

リーダーとは単なる役割に過ぎません。一方、リーダーシップとは、すべての人が持っている力であり、自分と他者を目標に導いていく力です。

内向型の強みを活かし、尊敬する人を観察して、少しずつマネすることで自分なりのリーダーシップを育てていくことができます。身近にいる人でも、自分がこれまで感銘を受けた人でも構いません。次の手順で**尊敬する人をマネ**してみましょう。

**尊敬する人をマネするステップ**

①「具体的に、尊敬している点」を書く

②「自分が少しでもマネできること」を書く（3日以内にできそうなこと）

③3日以内に、マネできることを1つ実践してみる

『オードリー・タン　の思考　IQよりも大切なこと』（近藤弥生子2021）に、大好きな一節があります。

**「1人の天才を生むことは難しいが、ひとりひとりの心に小さなオードリー・タンを宿そう」**

尊敬する人のことを観察していると、自分とのギャップに落ち込むかもしれません。でも、0.01％だったらマネできることが必ずあります。たとえば、オードリーさんであれば、「相手のよいところを1つ見つける」ことは、私にもマネできます。

尊敬する人のマネをしながら、自分なりのリーダーシップを育てていきましょう。

# 「こうすれば、もっとよくなる」と気づいたら、「言い出しっぺ」になる

問題の大小は関係なく、自分が解決できる課題に果敢に取り組む
『ビル・ゲイツの思考哲学』（ダニエル・スミス 2022）

『優れたリーダーはみな小心者である。』（荒川詔四 2017）では、株式会社ブリヂストン代表取締役社長だった荒川詔四さんが、**「言い出しっぺ」になる**大切さを説かれています。内向型にこそ、このアプローチが活かされる瞬間があります。

「仕事をしていれば「こうすれば、もっとよくなる」「こうあるべきだ」というプロセスは必ず見つかります。それを改善して、よりよい仕組みをつくっていくことこそが、本質的な意味で「仕事」というのではないかと思ったのです。（中略）

何度、「言い出しっぺ」になったか？　これが、真のリーダーになれるかどうかを決めると私は考えています」

内向型は、静かな洞察力を持っています。たとえば、プロセスやシステムの改善点など他の人が気づかない課題を見つけ出すのが得意です。

「言い出しっぺ」になるのは、勇気がいるでしょう。言ったからには、自ら実行することになり、「できなかったら、どうしよう……」との不安もつきまといます。でも、自ら見出した課題にチャレンジするから、仕事がおもしろくなるのです。

私がエンジニアをしていたときに、トラブルが続いていた製品があり、そのサポート改善プロジェクトを提案したことがありました。自分の役割を超えた提案は初めてだったのですが、言い出したからには、やり切るしかありません。協力してくれるメンバーを集めて、組織横断で実施する経験が持てたからこそ、そのあと希望する部署に異動することにつながったのです。

### 「言い出しっぺ」になるメリット

- 自ら見出した課題にチャレンジできる
- 仕事がおもしろくなる
- たとえうまくいかなかったとしても、自分の成長の機会になる

059

「何をするか、どうするか」迷ったら、

# まず「目的」を話し合う

メンバーがワクワクして自ら動き出すような目的を提示し、現場に任せるのが新しいリーダーシップのかたちです。

『最高のリーダーは何もしない』(藤沢久美 2016)

ここからは**「チームワーク」**について解説していきます。

私には、コミュニティをつくろうとしてうまくいかなかった経験があります。所属している会社のなかで、女性社員が応援し合える場をつくりたいと思い、活動を始めたのです。失敗はしましたが、このプロセスで、内向型の強みが活かされた瞬間がありました。

最初はランチ会を開いても、人が集まらない日々が続きました。自分でも、何のためにやっているかがわからなくなってしまい、活動するのを止めてしまいました。しかし、この経験から、私たちは単に「ランチ会をする」「イベントをする」という手段を追求するのではなく、より深い「目的」を共有する必要があるということを学びました。

2年後に、コミュニティを再始動したときは、**まず「目的」を話し合う**ことから始めました。

つまり、私たちは「何のために、活動をするのか？」という問いに向き合いました。メンバーひとりひとりの声を尊重し、時間を惜しまずに話し合うことで、段々と意見が出てきて、活動が広がっていったのです。

内向型には深い観察力や注意深さがあり、メンバーの声をしっかりと受け止めることができます。まず「目的」を話し合ったことで、メンバーも自発的に関わる意欲を高めることができました。つまり、内向型の特性が、活動の「目的」を明確にし、メンバーを引き込む力になったのです。

イベントなど、個々の活動をするときにも、まず「目的」を話し合うことが私たちの習慣となりました。このアプローチを通じて、私たちは共通の目標に向かって協力し、より意義ある活動が進むようになりました。内向型の強みを活かし、「目的」を明確にすることで、メンバーそれぞれが自発的に動くことができるのです。

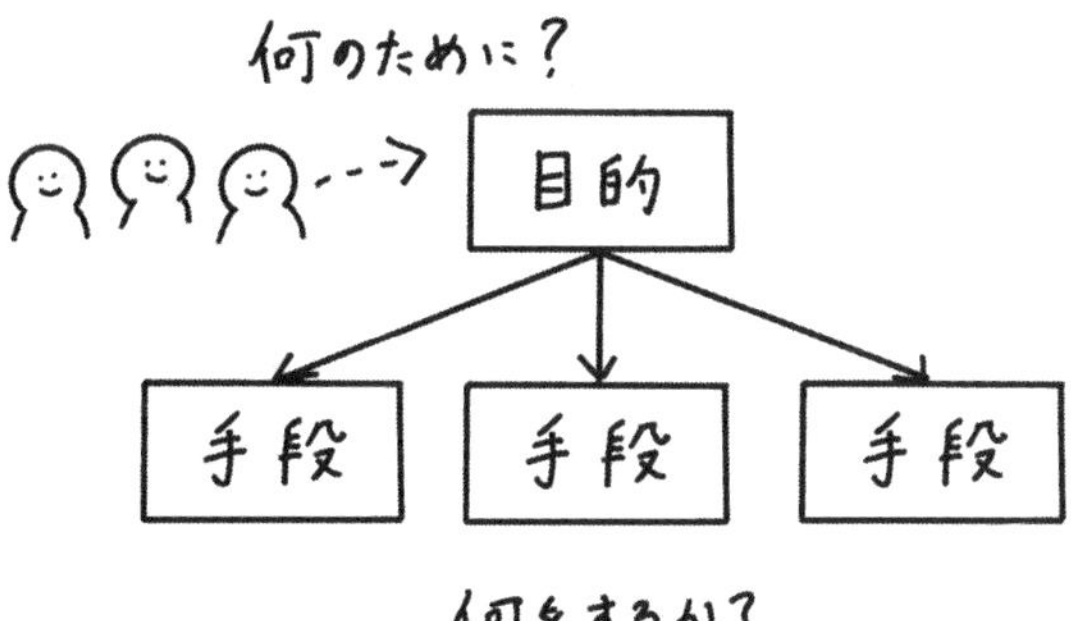

060

「リーダーは完璧でなければならない」と思うなら、

# 「弱さ」を見せる

リーダーが弱さを見せられる組織は本当に強い。

完璧でない未完成なリーダーを抱えたスタッフも、強くなる。

『Third Way（サードウェイ） 第3の道のつくり方』（山口絵理子 2019）

「リーダーは強くあらねばならない」「リーダーは完璧でなければならない」どこかで無意識にそう思っていました。でも、**リーダー自ら「弱さ」を見せる**ことが、チームメンバーの安心につながり、信頼関係を構築できるのです。

『スタンフォード式 最高のリーダーシップ』（スティーヴン・マーフィ重松 2019）には、スタンフォード大学でリーダーシップを教えている著者の経験が次のように書かれています。

- **「弱さ」を含めた自分を受け入れれば、他者に受け入れてもらえる**
- **「弱さ」を見せると、周りの人は「常に本心でいてくれる存在」だと見なしてくれる**
- **不完全でも、よりよくなろうと努力を続ければ、周りの人は信頼してくれる**

この本を私にすすめてくれたのは、内向型でヨガやマインドフルネスの事業を展開している起業家のマキコさんです。彼女がリーダーとして「弱さ」を見せられるようになり、助け合うチームができた例をご紹介します。

彼女は小さい頃から内向型で、20代の頃は外向型になろうとしていた時期があったそうです。なぜなら、世の中的によいと言われる仕事が、外向型気質を求めていると思っていたから。手当たり次第に仕事をやってみるものの、会議ではうまく発言できない日々。

「自分の努力が足りない……」と無理して頑張りすぎて、調子を崩してしまいました。そんなときに出会ったのが、ヨガです。自分の内面に目を向け、心の声に耳を傾けるようになり、自分の特性に気づいたのです。無理をするのではなく、自分の特性を活かした仕事をすればばいいと気づき、起業することになりました。

会社経営をするようになってからは、正直に自分の「弱さ」を見せるようになり、メンバーと助け合うことができているそうです。たとえば、細かい事務作業や大勢の前で話すのが苦手なので、メンバーに助けてもらう。そうすれば、自分は得意なことに注力できるのです。

**「弱さ」を見せるときのポイント**

①自分の弱さを受け入れる
②自分が苦手なことや、うまくいってないことを正直に伝える
③相手と助け合っていきたいことを話し合う

061

メンバーにやる気になってほしいときは、

# 「存在承認」をする

内に秘めたパワーや愛情を自分にも他人にも与えずに終わってしまうなんて、
あなたの存在はそんなちっぽけなものではないはずです。
『引っこみ思案な自分をラクにする本』(スーザン・ジェファーズ 2002)

自分のことを大切に思い、「承認」してくれるリーダーと、そうでないリーダー。どちらと一緒に仕事をしたら、やる気になるでしょうか。答えは、間違いなく前者です。この「承認」に、内向型の強みである観察力を活かすことができます。

相手を「承認」する方法には、大きく3つあります。

(1)存在承認 → あるものをあると認める
(2)行動承認 → したことをしたと認める
(3)結果承認 → できたことをできたと認める

どうしても、結果や行動にばかり目がいってしまうのですが、この中でも特に大事なのは、

**「存在承認」**です。なぜなら、「自分はここにいていいのだ」という安心感につながり、行動や結果につながっていくからです。私自身、仕事でなかなか結果が出せなかった時期に、上司から「鈴木さん、いてくれて、ありがとう。具体的には○○が助かっているよ」と声をかけていただき、涙が出るほどうれしかったことを覚えています。

### 「存在承認」をする方法

**①名前を呼ぶ**

「○○さん、こんにちは」と名前を呼ぶと、存在を認識していることが伝わります。

**②相手に「あるもの」を言葉にする**

「○○さん、メモを取るのが速いですね」「今日の髪型、いつもと違いますね」と、相手に「あるもの」を言葉にしましょう。無理に褒める必要はありません。気づいたことを言葉にするだけで、大丈夫です。

**③感謝をする**

「○○さん、いつもありがとうございます」と、結果や行動ではなく、共にいてくれることに感謝しましょう。

062

メンバーの強みを引き出したいなら、

# 相手の「よいところ」を言葉にする

引っ込み思案な性格は、盾となって私を守ってきてくれた。
引っ込み思案なおかげで私は成長することができ、洞察力を身につけることができたのだ。
『ガンディー 強く生きる言葉』（佐藤けんいち 2020）

私は企業向けの研修やコミュニティ運営を通じて、1つ大切なことに気づきました。それは、人は自分のよいところに簡単に気づけないということです。

たとえば、「○○さんは、話を聞いてくれるときに、こちらのペースに合わせてうなずいてくれるので、安心して話すことができるんですよね」と言うだけで驚かれます。人は、自分が日常的に行っていることは、他の人にとっても当たり前にできることだと考え、それが自分の強みだとは思わないのでしょう。

私自身も、コミュニティ運営を始めたことで、「いつも誰かの投稿にリアクションしてくれている」「メンバーのことをよく見てくれている」というフィードバックを受けて驚きました。

内向型の人は、他人を注意深く観察する傾向があります。これがリーダーとして活かされる場面でもあります。重要なのは、その観察して気づいた**相手のよいところを言葉にする**ことです。

**相手のよいところを言葉にするメリット**

・相手が自分のよいところに気づく手助けをすることができる
・よいところに注目することで、それがより発展し、活かされるようになる
・相手は、自己評価が向上し、自信を持つことができる

本人に限らず、他のメンバーが集まる場でも、メンバーのよいところを共有することは有益です。メンバーがお互いのよいところを認識し合うことで、チーム全体がより協力的になるでしょう。

063

「外向型の人とはうまくやれない」と思うなら、

# お互いの強みを活かす

多くの内向型の人たちが、最高の友人や同僚は外向型の人だと語っている。
『「静かな人」の戦略書』（ジル・チャン 2022）

内向型は、外向型の人を意識せずにはいられません。自分にはない性質を持っているので、時にうらやましく思ったり、妬みを感じたり、対立したりすることもあるでしょう。

でも、多くの専門家や研究結果が示しているとおり、内向型と外向型の混成チームは最高の成果を生み出します。『「静かな人」の戦略書』（ジル・チャン 2022）によれば、アメリカ大統領フランクリン・ルーズベルトと妻エレノアなど、**内向型と外向型が組んで成功**した歴史上の例は数多く存在するとのことです。想像を超える化学反応が起きることもあります。

私自身も、一緒にいて落ち着いたり、よき理解者になってくれたりする存在は内向型の人たちですが、刺激をもらい相乗効果を出すことができるのは外向型の人たちです。

でも、お互いが異なる性質を持つので、コミュニケーションに難しさを感じることもあるでしょう。時には、「あの人ばかりが目立っていて……」と感じることもあるのが本音です。

では、**内向型が外向型と協力し、相乗効果を発揮する**ためにはどうしたらよいでしょうか？

それには、**お互いの強みを活かす**ことが重要になります。内向型に関する本でアドバイスされていることから、私なりに試行錯誤しながら実践しているポイントをお伝えします。

**外向型の人と協力するときの心構え**

・お互いが強み、弱みを補える存在であると理解する
・外向型の人に遠慮する必要はない
・外向型の人の言葉をすべて真に受けなくてもよい

**具体的な実践ポイント**

**①お互いの「強み」を書き出して、「どう活かせるか」を考える**

（例）対外的な交渉やアピールは、外向型の強みを活かしてもらう。一方、内向型の強みを活かし着実に物事を進める。進んでいることは記録して自分の貢献を周りに理解してもらう。

**②「どうしたらいいと思う？」と、お互いが同じ方向を向いて解決策を考える**

**③「考える時間が欲しい」と思ったら、その場で答えを出さずに持ち帰る**

064

# 「忙しそうだから、頼みづらい……」と思ったら、任せて、見守る

個々のメンバーたちの特性を理解できるあなたなら、お互いの長所を認め合い、短所を補い合える関係を築けるでしょう。

『内向型人間のリーダーシップにはコツがある』（渡瀬謙 2013）

「忙しそうだから、頼みづらい……」

「自分でやっちゃったほうが早い」

こう思って、自分ひとりで何とかしようとすることはありませんか。

これは、私がよく陥ってしまう罠で、仕事をひとりで抱え込んでしまうなどの弊害があります。内向型の特性ゆえの遠慮や不安から、仕事を他者に任せることが難しいこともあるでしょう。でも、内向型の特性を活かすことで、他者に任せて見守ることができるのです。思い切って仕事を任せることで、自分もチームも能力を発揮することができるでしょう。

## 任せて、見守るステップ

### ①「指示」ではなく、「相談」をする

『内向型人間のリーダーシップにはコツがある』（渡瀬謙 2013）には、メンバーに「指示」ではなく**「相談」**をすることで、信頼関係が築けると書かれています。

内向型は計画やタスクの整理が得意です。メンバーの得意分野や興味から、一緒にタスクの分担を「相談」してみましょう。

### ②「なぜ、あなたか？」の「理由」を言葉にする

誰でもいいことをお願いされるのではなく、「あなただから、お願いしているのです」という**「理由」**が伝わってくると、仕事を引き受けたくなるものです。

「他のチームと信頼関係を築いている〇〇さんだから、安心してお任せできます」などと、その人にお願いしたい「理由」を言葉にしましょう。

### ③手をかけるのではなく、目をかける

内向型は集中力が高く、細部に気配りができる傾向があります。仕事を依頼した後、フォローアップして進捗状況を確認しましょう。手をかけるのではなく、**目をかける**。何かあったときにサポートできるよう見守りましょう。

065

## やっかいなトラブルが生じたときは、
# トラブルを「学び」に変える

トラブルをきっかけに信頼関係を築けば、思いも寄らないギフトまでも与えてくれる。
トラブルはチャンスですらあるのだ、と。
『優れたリーダーはみな小心者である。』（荒川詔四 2017）

トラブルが起きると、どのような気持ちになるでしょうか。

私は正直、「気が重いな……誰か解決してくれないだろうか……」と、思っていました。内向型は、人の気持ちを敏感に感じてしまい、争いが苦手な傾向があるからです。

「私には、トラブル対応は向いてない」と思われるかもしれません。でも、実は逆なのです。『優れたリーダーはみな小心者である。』（荒川詔四 2017）では、株式会社ブリヂストン代表取締役社長だった荒川 詔四さんが、**「繊細な人ほど、トラブルに強い」**と説いています。なぜなら、相手の立場、利害、感情を細やかに察知し、受け止めることができるからです。

トラブルをネガティブなものとして捉えていると、取り組むまでに時間がかかり、解決したとしても、心に痛みとして残ってしまいます。

でも、トラブルが起きるのは当たり前。トラブルを「学び」に変えることができるとしたら、どうでしょう。トラブルの捉え方を変えたら、自ら率先して取り組むことができるようになります。

## トラブルを「学び」に変えるポイント

### ①すぐに取り組む

トラブル対応は、初速が肝心です。気が動転していたら、その自分の気持ちに気づき、深呼吸しましょう。自ら率先して、すぐにトラブル対応に取り組みます。

### ②ヒトではなく、コトに向かう

トラブルが起きると、「自分は悪くない」「誰かのせいだ」と思いたくなるものです。ヒトではなく、コトに向かう。何が事実として起きているのかを分析しましょう。

### ③振り返りをする

トラブルを学びに変えるには振り返りが必要です。反省ではなく、改善できる点を考えましょう。

066

会議で存在感を出すには、

# 議事録係を担う

一度にひとつの作業に集中するのを好み、すばらしい集中力を発揮できる。
『内向型人間のすごい力』（スーザン・ケイン 2015）

ここからは、**「具体的なシチュエーション別」**でリーダーシップを発揮する方法について、見ていきましょう。まずは**「会議」**から。

内向型は、外向型のように躊躇なく発言できるわけではないので、どうしても発言が少なくなりがちです。会議で存在感を出すには、**議事録係**を担うことが効果的です。なぜなら、内向型の集中力や聞く力を発揮できるからです。また内向型の人は感情的になることが少なく、客観的な視点を保つ傾向があり、議事録を客観的にまとめることができるでしょう。

## 議事録係を担うときのステップ

### ①「テンプレート」を使う

議事録は自分のためではなく、他人のためにつくるものです。テンプレート化しておくと、要点を整理できます。決定事項・ネクストアクションは必ず含めましょう。

**②他のタスクは閉じる**

余計なタスクを極力閉じて、議事録に集中できる環境にしましょう。

**③議論に集中して、要点を「箇条書き」でメモする**

会議中に、議事録を完璧に完成させる必要はありません。書くことに集中していて、議論に入れなくならないように、要点を箇条書きでメモして、議論に集中しましょう。

**④わからない情報が出てきたら、会議中に「質問」する**

わからない情報を、会議後に確認するのは工数がかかります。会議中に質問をして明確にしておきましょう。

**⑤「ネクストアクション」を明確にする**

忘れがちですが、特に大事なのが「ネクストアクション」です。「誰が、何を、いつまでにやるか」を明確にしていきます。もし決まっていないようであれば、「ネクストアクションは何ですか？」と質問しましょう。**さり気なくリーダーシップを発揮することにもなります。**

067

議論に参加できないときは、

# 「考える」時間を取る

グループでの話し合いを始める前に、全員が考えるための時間をとることを提案しましょう。内向型にとっても外向型にとっても、自分の考えをまとめるための時間が必要です。

『静かな力』(スーザン・ケイン 2018)

議論やグループでの話し合いでは、アイデアが次々に出る外向型の人と、そのペースについていけない内向型の人との間にギャップが生じることがあります。内向型の人が議論に参加しやすくするために、**「考える」時間を取る**ことが役立ちます。大切なのは、内向型でも外向型でも公平に議論に参加できる環境を整えることです。

私はイベントの主催をすることがありますが、講師がプレゼンをした後に、参加者に質問があるか尋ねても、質問が出てこないことがよくあります。

でも、プレゼンの後、「ここから5分、考える時間を設けます。質問はチャットに書いてください」と伝えるだけで、質問がチャットに次々と寄せられることに気づきました。

特に、普段はあまり発言しない内向型の参加者からも質問が寄せられるようになったのです。

この時間を確保することで、内向型の人は自分の思考を整理し、自分のペースで考えたことを表現できます。外向型の人が見逃すかもしれない**重要なポイントを引き出し、議論を深めることができる**のです。

### 「考える」時間を取るポイント

**①具体的な時間を設定する**

「ここから15分、考える時間を取ります」というように、具体的な時間を設定しましょう。時間が限られていることで、効果的にアイデアの整理ができます。事前に考えてきたことを各自持ち寄る方法も有効です。

**②目標を設定する**

考える時間において達成したい目標を設定します。たとえば、「3つの新しいアイデアを考える」「問題点とその解決策を洗い出す」など、具体的な目標があるとよいでしょう。

**③ツールや手段を提供する**

付箋やメモ用紙、テンプレートなど、環境を整えることでスムーズに考えが整理できます。

068

## 会議でなかなか意見が言えないなら、
# ここぞというときに「本質」を突く発言をする

ここぞというときに重要な発言をし、みんなから注目される「内向型人間」。
そういう人を私は何人も知っています。
『内向型人間のための人生戦略大全』（シルビア・レーケン 2014）

「会議で、なかなか自分の意見が言えない……」内向型の人から、たびたび聞く悩みです。特に大人数の会議。話す枠が決まっていれば意見を言えますが、議論中に割り込みをするのは勇気がいります。

でも、内向型だからこそ、ここぞというときに「本質」を突くことができるのです。**発言の「量」ではなく「質」**が重要なのです。

『静かな子どもも大切にする—内向的な人の最高の力を引き出す』（クリスィー・ロマノ・アラビト 2021）には、内向型の人たちは見過ごされがちなところに気づき、考えを深めることができる強みがあると書かれています。

私の経験をお話しします。以前、異業種プロジェクトに参加していたときのことです。

多国籍かつ外向型のメンバーの中で、最初は議論の輪に入ることさえできませんでした。ですが、最終発表の1週間前、チーム内で真っ二つに意見が割れて、分裂の危機が訪れたとき、私は緊張と不安で震えながらも、思い切って考えてきた自分の意見を発表しました。すると、その案でチーム全員の合意が取れ、無事に最終発表を迎えることができたのです。

## ここぞというときに「本質」を突く2つの方法

### ①「そもそも」の「質問」をする

時間は進んでいるのに、議論は進んでいかない。そんなときは気づかぬうちに本来の目的などが抜け落ちているかもしれません。このようなときは、「**そもそも、**議論の目的は何でしょうか？」などと質問をしましょう。

### ②「意見」を言う

いよいよ自分が意見を言うとき。「波風を立てないだろうか……」などと、不安になるかもしれません。でも、大丈夫です。ここまでお話ししてきたように、内向型の意見は役に立ちます。発言量は少なくても問題ありません。大事なのは、**「意見」**であること。つまり、**「結論」**が明確であることです。たとえば、自分は賛成なのか、反対なのか。どの案を推すのかを明確にしましょう。

069

考えがうまく伝えられないなら、

# 考えを「型」でまとめる

彼ら（内向型）は、想像力に富み、感情豊かで、きわめて知的な自らの生活を、当然のものとして受け止めている。
『内向型を強みにする』（マーティ・O・レイニー 2013）

内向型にとって、深く考えることは日常茶飯事かと思います。しかし、外向型にとっては当たり前ではありません。だから、「深く考えること」は、内向型の強みになります。

内向型の友人がよくFacebookで、「思考」した内容を投稿しています。コメント欄を覗いてみると、「こんな深い考えがあったのか」「考えたこともなかった」「本質を突いている」などの言葉が並んでいました。ただ、とかく話が長くなりがちな内向型は、それを必ずしも的確に表現できているとは限りません。

だからこそ、内向型にとって重要なのは、**考えたことをまとめ、周りの人にわかりやすく伝えることです**。このとき、**役に立つのがフレームワーク（型）**です。ここでは、第3章でも紹介した「ＰＲＥＰ法」をおすすめします。

## 「PREP」で伝える方法

**結論（Point）→理由（Reason）→具体例（Example）→結論（Point）**の順にまとめる方法です。それぞれの頭文字をとって、「PREP法」と呼ばれています。

「私は○○を提案します。なぜなら、○○だからです。たとえば、○○の具体例があります。以上のことから、○○案を提案します。」の流れで、まとめます。

まずは「結論」から始める。
次に、結論の「理由」。その根拠として、データやエピソードなどの「具体例」。
最後に「結論」をまた伝えます。

話が抽象的になりがちな内向型は、特に「具体例」が抜けてないかを注意しましょう。

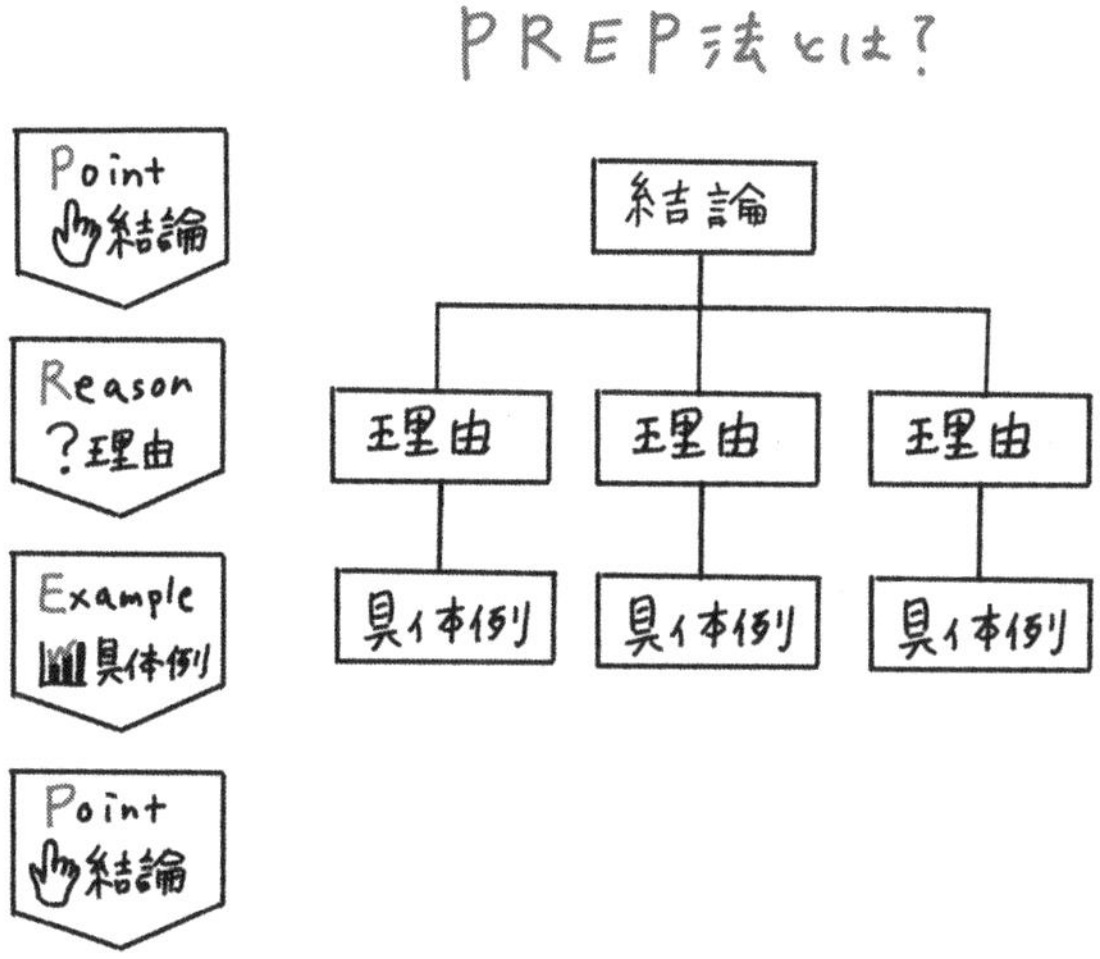

070

## 会議のファシリテーションに不安があるなら、

# 「聴く」と「訊く」

「内向型人間」は思慮深く、慎重で（中略）「外向型人間」が見落としがちなポイントを指摘し、議論を深めることができるのです。
『内向型人間のための人生戦略大全』（シルビア・レーケン 2014）

会議などでファシリテーションを担うときは「うまくまとめられるのだろうか……」と不安になるかもしれません。

実は内向型の強みである観察力、傾聴力を活かすことで、自分からはなかなか発言しない参加者にも発言を促すことができるという効果があります。

**・多様な意見を引き出す**

会議では、背景や経験が異なる人から、多様な意見が出ることが重要です。新しい視点が引き出されることで、議論の質が向上します。

**・参加者が主体的になる**

参加者は自らが発言をすることで、主体的になります。そのためにも、できるだけ参加者全員が発言できる機会をつくることが重要です。

ファシリテーションでは、「聴く」と「訊く」の2つを実践しましょう。

## 「聴く」と「訊く」の実践ポイント

### ①聴く

「聞く」ではなく**「聴く」**。後者の漢字には「耳」と「目」と「心」が入っています。

参加者の話を「耳」と「目」と「心」で、聴く。ここに内向型の強みである観察力、傾聴力が活きてきます。たとえば、オンライン会議で「ミュートを外して発言しようとしている」人の変化にも気づくことができるのです。

### ②訊く

「訊く」とは、**「質問」**です。質問は、「〇〇さん、どう思いますか？」など、短く簡潔にするのが基本です。議論中には、「ヨコに広げる」と「タテに深める」を意識します。
**ヨコに広げる**→「他にはありますか？」「違うことを思う方はいらっしゃいますか？」
**タテに深める**→「具体的に言うと、どうですか？」

071

相手を勇気づけるフィードバックがしたいなら、

# 結果より「プロセス」を言葉にする

あなたが遠慮がちに発したセリフは、相手にズシリと作用するのです。
『内向型人間の人づきあいにはコツがある』（渡瀬謙 2009）

**「フィードバック」**においても、内向型の「観察力」の強みを活かすことができます。**結果より「プロセス」を言葉に**するのがポイントです。

マイクロソフトの創業者であるビル・ゲイツは、次のように言っています。

「私たちには、フィードバックをくれる人が必要です。だから改善できるのです」

私には、内向型のフィードバックに助けられた経験が何度もあります。

たとえば、成果発表のプレゼンをする必要があったとき。うまく発表内容がまとまらずに悩んでいました。何度もつくり直しながら、「ああ、もうダメかも……」と諦めそうになっていて、もがいている自分に嫌気がさしていました。

そんなときに同僚から、「悩みながら、つくり直しているのを知っていました。そうやって、一度つくったものを、壊しながらつくり直していける胆力がすごいと思います。尊敬します。」と声をかけてもらいました。この言葉に、「やっていることをちゃんと見てくれる人がいたんだ」と、勇気づけられたのです。

このようによいフィードバックには、相手を勇気づける、成長につなげる、信頼関係を構築する効果があります。先の例で、私がうれしかったのが、「結果」ではなく**「プロセス」**を認めてもらえたことです。仕事では結果が重視されるので、どうしても結果に目がいってしまいがちですが、プロセスを観察できるのが内向型の強みです。

**「結果」よりも「プロセス」を言葉にするフィードバック例**

× 結果に対して→「○○さんの発表よかったです。合意が取れて、よかったですね」

○ プロセスに対して→「必要なデータを、**丁寧に調査し、まとめられていました**よね」

「結果」に対して評価するのではありません。たとえ結果がよくなかったとしても、プロセスは決して無駄にはなりません。「プロセス」に対して、**観察してきた「事実」**を言葉にしましょう。

072

うまくフィードバックできないときは、

# 「具体的に」言葉にする

内向型特有の「人に対する観察眼の鋭さ」は、リーダーとして部下へ対応するうえで大きな武器になるのです。

『内向型人間のリーダーシップにはコツがある』（渡瀬謙 2013）

「フィードバックはギフト」という言葉を聞いたことはありませんか。

でも、フィードバックは、伝え方によっては、相手にとって意味のあるものにも、ないものにもなります。そこで、内向型の強みである観察力を活かして、フィードバックを**「具体的に」**言葉にすることで、相手にとって意味のあるものにしていきましょう。

次の例を見てみましょう。

×「○○さんのおかげです。」

○「○○さんのおかげです。**具体的には**、他の人が気づかない点までフォローしていただき、おかげで参加者のみなさんに満足していただくことができました」

具体的な例や詳細を挙げることで、「あ、そんなところまで見てくれていたんだ」とうれしくなるのではないでしょうか。自分のことは意外と自分では気づかないものです。具体的に言葉にすることで、相手はフィードバックの内容をより受け取りやすくなり、信頼関係を築くことができるのです。

フィードバックは、対面だけでなく、メールやチャットなどで伝えることもできます。

同僚、上司、メンバー、取引先など、どのフィードバックでも活用できます。きっと、自分が思っている以上に効果があるでしょう。

**自分が観察できていることを、あえて言葉にする。「具体的に」言葉にしましょう。**

073

苦手なのにプレゼンをしなければいけないときは、

# 自分を客観視して、準備をする

プレゼンをするのに高度な知識や特別なテクニックは必要ない。
気合いを入れ、時間をかけて準備し、何人かの友人に見てもらって、感想や改善点をたずねてみよう。
『「静かな人」の戦略書』(ジル・チャン 2022)

**プレゼンや人前で話すとき**は、内向型の「準備力」を活かし、入念な準備をしましょう。

「人前で話すのは苦手だし、緊張する……」

私はずっと、こう思っていました。でも、緊張するからこそ、**入念な準備**ができるのです。

緊張をなくす必要はありません。**緊張している自分を客観視**することで、冷静になれるのです。

## 自分を客観視して、準備をする方法

### ①「5W1H」を書き出す

「何のために(Why)」「いつ(When)」「どこで(Where)」「誰に(Who)」「何を(What)」「どのよ

うに（How）」プレゼンするかを書き出してみます。

特に「何のために（Why）」では、プレゼンの目的を明確に。「誰に（Who）」では、聞き手にどんな行動をしてもらいたいか、明確にしておきます。書き出すことで、自分の置かれている状況を客観視できます。

### ②「原稿」を用意する

事前にプレゼンの**「原稿」**を用意しておきます。**要点を箇条書きするのではなく、文章にしましょう。**文章にすることで、自分が話す内容を客観視できるからです。話の道筋があいまいなところが明確になります。私の尊敬するリーダーは、たとえ話し慣れた内容でも、必ず「原稿」を用意しています。

### ③「練習」を録画して確認する

「練習」している様子を**「録画」**して確認しましょう。実は、録画して自分の様子を観ることには、ずっと抵抗がありました。でも、その分、効果があります。プレゼンの達人と言われている方々は、みなさん口をそろえて、すすめていらっしゃる方法です。

何度も**「練習」**を繰り返しましょう。私は大事なプレゼンのときは、50回以上は練習します。当日は原稿がなくても話せるように練習しておくことが重要です。

074

力強いプレゼンに向かない人は、

# 「弱さ」を入れる

内向型人間に向いた方法で準備をすれば、外向的な人々を上回るプレゼンができるのです。
『内向型人間だからうまくいく』(カミノユウキ 2020)

プレゼンというと、どのようなものをイメージされるでしょうか。私は、力強いプレゼンが心を動かすと思っていました。でも、実は**プレゼンに「強さ」は必要ない**のです。むしろ**「弱さ」**を入れることで、共感を生むことができます。

「SHIBUYA QWS」という共創施設で、成果発表のプレゼン大会に参加したときのこと。何度もプレゼンの「原稿」を書き直して、練習のプレゼンをしましたが、全然共感されませんでした。「伝えたい相手は明確にしたし、練習も50回以上は繰り返している。なんで伝わらないんだろう……」このとき、『100% 共感プレゼン』の著者・三輪開人さんから、こうアドバイスを受けました。

「強さじゃなく、弱さを意識したほうがいいですよ」

ハッとさせられました。無意識のうちに、「強くあろう」と無理をしていたのです。無理に自分を大きく見せなくていい。かっこいい言葉は使わなくてもいい。苦しんでいたことは、そのまま伝えればいい。そう思ったら、心が軽くなりました。

「弱さ」を意識して、「原稿」をゼロから書き直しました。**自分が挫折した経験、失敗した経験**をエピソードとして盛り込み、かっこつけて無理に難しい言葉を使うのではなく、中学生でもわかる言葉を使うことを意識しました。

結果としてプレゼン大会では、一番共感を得た人に贈られる「オーディエンス賞」をいただくことができました。何より、聞いてくれた仲間たちが「共感した」と涙を流してくれたのがうれしかったです。

**「弱さ」を入れるポイント**

①自分が挫折した経験、失敗した経験もあえて入れてみる
②自分を大きくも、小さくも見せなくていい。ありのままでいい
③難しい言葉ではなく、中学生でもわかる言葉を使う

075

交渉が苦手なら、

# 相手の主張をたくさん「聞く」

内向型は顧客の真のニーズに注意を払う。これは顧客とだらだらと長話をするよりも、はるかに効果的なことが多い。

『「静かな人」の戦略書』(ジル・チャン 2022)

私たちは、日々ありとあらゆるところで**「交渉」**をしています。ミーティングの日時設定から、商談、チームでどのように仕事を進めるか、旅行先をどこにするかなど。

では、交渉にはどのようなイメージをお持ちでしょうか。交渉とは、いかに自分の主張をして勝ち取るかの「勝負」だと思われがちですが、これはよくある誤解です。

×交渉とは、勝ち負けを決める「勝負」

○交渉とは、**相手と自分それぞれのメリットを最大化させる「協力」**

この相手と「協力」していくために必要なのが、**相手の主張をたくさん「聞く」**ことです。

なぜなら、相手が求めているものは何か、譲れないものは何か、何を一番大事にしているかを知らないと、交渉が成り立たないからです。そのうえで、相手のメリットを実現しながら、自分のメリットも実現していきます。ここに内向型の強みが発揮できるのです。

## 相手の主張をたくさん「聞く」方法

①まず相手の**味方**になる

交渉は「勝負」ではなく「協力」。つまり、相手の味方になることが第一です。

『なぜ自信がない人ほどいいリーダーになれるのか』（小早川優子　2021）には、相手を味方だと考えて交渉することで最終的に相手がサポートしてくれるようになると書かれています。

②相手の主張を**具体的に**聞く

相手の主張が漠然としていると、すれ違いになってしまいます。「具体的には、どのようなことを求めてらっしゃいますか？」と、相手の主張を具体的に聞いていきましょう。

076

交渉で相手の主張に押されてしまうなら、

# あらかじめ複数の「選択肢」を用意する

「内向型人間」は優れた分析力をもつので、交渉中も自分の立場をきちんとわきまえ、相手の要望と自分の要望をうまくすり合わせることができます。
『内向型人間のための人生戦略大全』(シルビア・レーケン 2014)

「また相手に言いくるめられてしまった……」

交渉において、このような経験はないでしょうか。私は、ずっと交渉に苦手意識がありました。なぜなら、相手の主張に押されてしまい、自分の主張がなかなかできなかったからです。

内向型の特性を活かせば、これを解決する方法があります。それは、**あらかじめ複数の「選択肢」を用意する**ことです。内向型の人は情報を整理し、緻密に計画を立てるのが得意です。この強みを活かすことができるのです。

たとえば、新しい仕事を探している場面で考えてみましょう。ある企業からのオファーがあったとします。ただし、提示された条件に納得いかない場合、なかなか交渉が難しいと感じることもあります。でも、あらかじめ他の企業からのオファーや別の選択肢を用意できていれば、交渉の余地が生まれるのです。

## あらかじめ複数の「選択肢」を用意する方法

①**理想案**を明確にする
自分のメリットだけではなく、相手のメリットも含めて最大化できる理想案を明確にしておきましょう。たとえば、自分のキャリア目標やライフスタイルに合わせて、理想的な仕事の条件を整理しましょう。具体的な数字や条件を把握しておくことが重要です。

②**代替案**を持つ
代替案は、できる限り多く持っておくのがよいでしょう。そのなかで、理想案で交渉が成り立たない場合のベストな代替案を明確にしておきます。情報収集をする、複数の企業やポジションにアプローチするなど、いくつかの選択肢を得られるよう準備しておきましょう。

077

交渉でお願いするのが苦痛なら、

# 「小さなお願い」をする

ぼくは決して「勇気を出せ」とは申しません。
そうではなくて、やろうと思えば練習はできるわけですから
『なぜ、この人と話をすると楽になるのか』(吉田尚記 2015)

交渉では、自分が通したいお願いをするのにハードルを感じることがあります。内向型にとって、お願いは苦手なことなのです。「こんなことを言って、相手が嫌な気分になったりしないだろうか……」とか「相手に否定されたらどうしよう……」といった不安がつきまとうからです。

内向型の特性を活かしたアプローチとしては、**「小さなお願い」をする**のが効果的です。これは心理学で有名な**「フット・イン・ザ・ドア」**という方法です。訪問販売のセールスパーソンが「少しお話だけでも!」とドアの内側へと足を入れる動作が由来となっています。まずは小さなお願いから相手の承諾を取ることで、**段々と大きなお願いが通るように**なります。

なぜなら、人間には「行動に一貫性を持たせたい」と感じる心理があるからです。内向型の強

みである洞察力や緻密な計画力を活かし、相手にとって魅力的なお願いを考えていきましょう。

1966年にスタンフォード大学で発表された論文に、「小さなお願いをする」方法の効果が書かれています。「安全運転を心がけよう」というメッセージの看板を家の前に立ててよいかどうかを周囲の人に聞いて回ったら、

- いきなりお願いを承諾してくれた人は全体の「16・7％」
- 安全運転に関連する小さなお願いを聞いてもらった後は「76・0％」

つまり、小さなお願いをするほうが4倍も承諾率が高くなったそうです。

たとえば、1時間かかる資料作成のお願いをするのは気が引けるかもしれません。でも、「10分だけでいいので、資料作成を手伝ってもらえませんか？」と、まずは小さなお願いから始めてみましょう。相手にとっては一度お願いを承諾したから、「次も承諾して、一貫性を持たせたい」との心理が働き、1時間の資料作成にも承諾してもらえる可能性が高まります。

**小さなお願いをするポイント**

①まずは相手にとって断る理由の少ない「小さなお願い」から始める
②「小さなお願い」の後は、もう一歩先のお願いにつなげる

第６章

# 内向型が「チャレンジ」する

いよいよ最後の章となりました。この章では、**内向型の人が「チャレンジ」する方法**を見ていきましょう。

居心地のよい「コンフォートゾーン」から脱出し、チャレンジするための実践的な方法を解説していきます。ここでは、PDCAサイクルの順ではなく、まず小さく始められること(Do)から実行し、小さな成功体験を積み重ね、振り返り(Check)ながら、改善(Action)し、次の計画(Plan)を立てます。このようなアプローチによって、内向型は「チャレンジ」を積み重ねて、結果的に大きなチャレンジにつなげることができます。

『実は、内向的な人間です』(ナム・インスク 2020)によれば、「わざわざ決心して始めなくても、必要なときは必要なぶんやることになるのだから、スタート地点で力むことはないのだ。」と書かれています。一気に大きなジャンプをする必要はありません。ひとつひとつの段階を、少しずつ上がっていくことで、チャレンジを広げていきましょう。

## Do(実行)

コンフォートゾーンから出られない理由を知り、簡単にできる新しいことにチャレンジします。うまくいっている人の行動をマネし、具体的な動作に変えることで、行動に移します。小さなDoを積み重ねていきましょう。

### Check（振り返り）

「書く」アウトプットを続けるなどの振り返りをすることで、小さな成功体験が生まれ、次のチャレンジの原動力となります。

### Action（改善）

小さなチャレンジを習慣化するためのノウハウを紹介していきます。毎日0・2％の改善を続けていきましょう。

### Plan（計画）

大きなチャレンジにつなげていくために、計画を立てる方法を解説していきます。

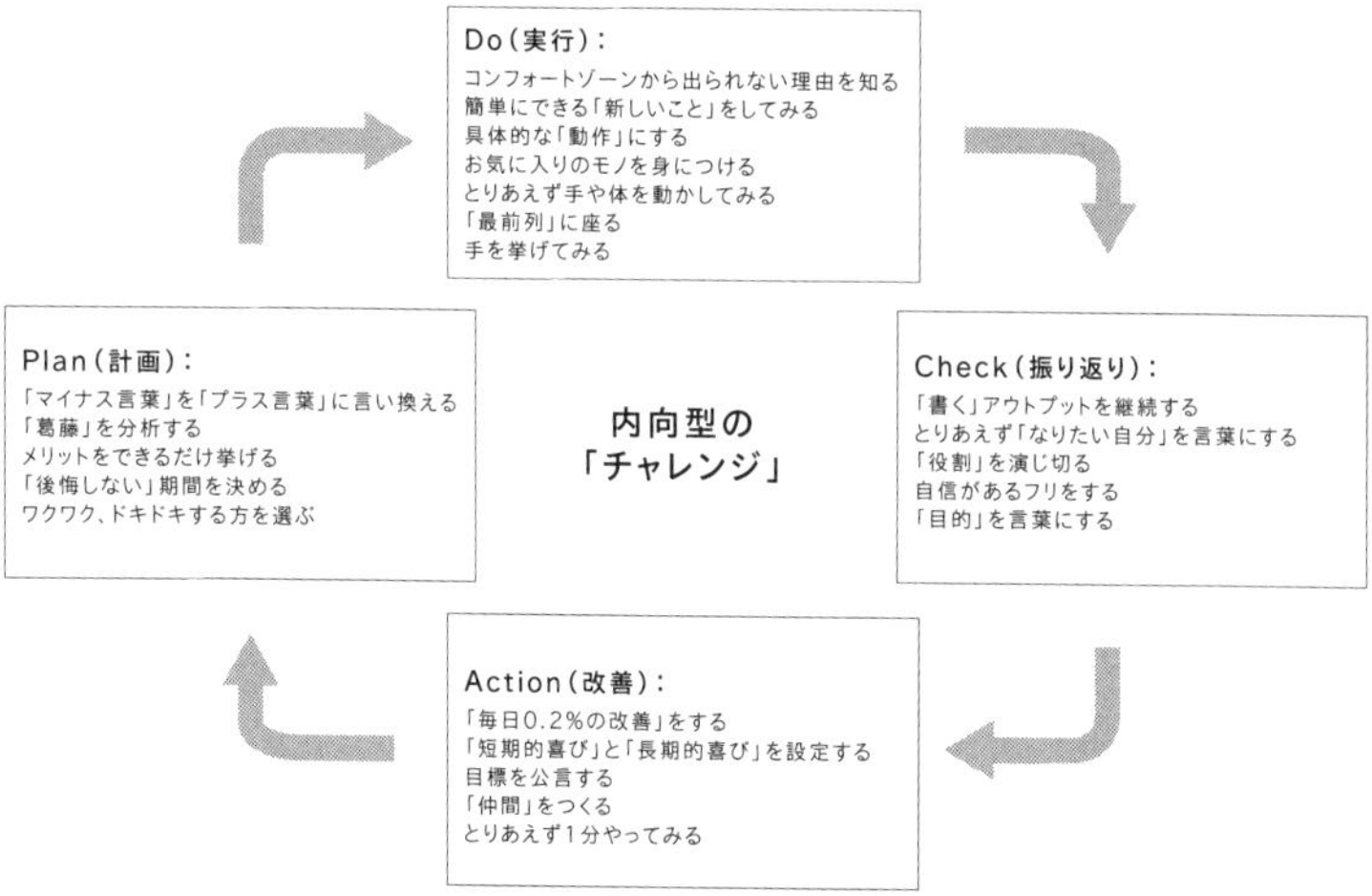
Do（実行）：
コンフォートゾーンから出られない理由を知る
簡単にできる「新しいこと」をしてみる
具体的な「動作」にする
お気に入りのモノを身につける
とりあえず手や体を動かしてみる
「最前列」に座る
手を挙げてみる
Plan（計画）：
「マイナス言葉」を「プラス言葉」に言い換える
「葛藤」を分析する
メリットをできるだけ挙げる
「後悔しない」期間を決める
ワクワク、ドキドキする方を選ぶ
内向型の
「チャレンジ」
Check（振り返り）：
「書く」アウトプットを継続する
とりあえず「なりたい自分」を言葉にする
「役割」を演じ切る
自信があるフリをする
「目的」を言葉にする
Action（改善）：
「毎日0.2％の改善」をする
「短期的喜び」と「長期的喜び」を設定する
目標を公言する
「仲間」をつくる
とりあえず1分やってみる

078

「このままではいけない」と思っても動けないなら、

# 「コンフォートゾーン」から出られない理由を知る

自分の人生に責任を持つということは、「今のままでいる」ことにどんな見返りがあるかに気づくということだ。

『とにかくやってみよう―不安や迷いが自信と行動に変わる思考法』（スーザン・ジェファーズ 2009）

まず小さく始められるＤｏを実行するにあたって、**「コンフォートゾーン」**という言葉をご紹介しておきましょう。

これは、「快適な領域」という意味で、１９０８年にアメリカの心理学者であるロバート・Ｍ・ヤーキーズとジョン・Ｄ・ドットソンが提唱した法則から由来しています。

「このままでいいのだろうか……」と思いつつ「コンフォートゾーン」から動けないのは、自然なことです。人は快適なところに留まりたいと思うものだからです。

でも、「今よりも成長したい」「もっと学びたい」などの思いがあるのであれば、「コンフォートゾーン」から出ることが必要となります。なぜなら、新しい挑戦や学びの機会は、快適な領域の外にあるからです。

そのためには、次に示す**「コンフォートゾーン」から出られない理由**を知ることが重要です。

『とにかくやってみよう――不安や迷いが自信と行動に変わる思考法』（スーザン・ジェファーズ 2009）によると、出られない理由を理解することが、次の行動につながるのです。

## ①「現状維持バイアス」があるから

「現状維持バイアス」とは、大きな変化や未知なるものを遠ざけて、現状を維持しようとする心理作用です。人は本能的に大きな変化を嫌います。

変化を求めて行動しようとすると、脳は「できない理由」を見つけ出そうとします。

## ②今のままでいることに「見返り」があるから

たとえば、今の仕事には飽き飽きしているけど、辞められない場合、「長時間労働を強いられている」といった「被害者」でいることに「見返り」を感じていることがあります。「被害者」でいれば、挑戦しなくてもいられるからです。

これらの理由を理解することが、「コンフォートゾーン」から動けない状況にどのように対処すればよいかを考える手助けとなります。

079

「コンフォートゾーン」から出るには、

# 簡単にできる「新しいこと」をしてみる

ここでひと踏んばりして今を変えなければ、
今の連続の延長にある未来もけっして変わることはない。
『99%の人が知らない「内向型な自分」の磨き方』（榎本博明 2012）

内向型の人にとって、同じことをやり続けるのは心地がよいものです。でも、「コンフォートゾーン」から出るには、何か1つ「新しいこと」をしてみるのがよいでしょう。

『内向型を強みにする』（マーティ・O・レイニー 2013）によれば、「たったひとつの行動を変えるだけで、自分の望むどんな変化でも起こすことができる」と書かれています。

この一節を読まれて、どう思われたでしょうか？

私は最初読んだときは「それって、本当？」と思ったのが正直なところです。

でも、だまされたと思って実践してみると、次に示すようなよいサイクルができるからなのだ、と気づきました。

**①簡単にできる「新しいこと」をしてみる**
**②「新しいこと」ができたことを祝う**
**③次の「新しいこと」につなげる**

とは言え、内向型にとって新しいことをするのは、エネルギーの必要なことです。ポイントは、**できる限り小さくする**ことです。

・いつもと違う道を歩いてみる
・いつも頼んでいるのと違うランチを食べてみる
・いつもはお水だけど違うドリンクを飲んでみる

といったことで構いません。

最初の一歩は小さくても、徐々に歩幅が大きくなっていきます

・次は、コンビニの店員さんに話しかけてみる
・次は、新しいイベントに顔を出してみる

といった形で、だんだんと意識が変わり、できることが大きくなっていくでしょう。

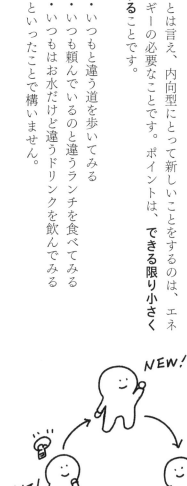

080

やり方がわからないなら、

# うまくいっている人のマネをする

手本になるひとを見つけましょう。(中略)
自分も目標に手が届く、と思えることが大切です。
『静かな力』(スーザン・ケイン 2018)

何かやろうとしても、やり方がわからない。
そんなときは、**うまくいっている人のマネ**をしましょう。

私は以前、人のマネをしてばかりで、自分にオリジナリティがないことをコンプレックスに感じていました。でも、あるときいただいたフィードバックで、気づきがありました。

「いろいろなことを学んでマネて、アメーバみたいに、それがつながっていって、いろいろな視点が増えているんですね」

もしかしたら、**マネができるというのは、それ自体が1つの能力なのかもしれない**と気づいたのです。ちなみに、「アメーバ」とは0・5ミリほどの大きさの、水の中で暮らしている単細胞生物で、「アメーバ」という言葉には、「定まった形のない」という意味があります。

考えてみたら、赤ちゃんも近くの人のマネをして、言葉を覚えて、行動ができるようになります。人は誰かのマネをすることで成長するのではないでしょうか。

やり方がわからなくても、誰かのマネをすることはできます。尊敬や敬意を持って、マネをすればよいのです。

内向型の強みである観察力と分析力を活かして、身近にいる素敵だなと思う人の行動を観察して、マネをしてみましょう。

- 何か本を読んでいるのであれば、その本を読んでみる
- どんな話し方や聞き方をしているのか観察して、同じように試してみる
- 「どうやって一歩踏み出したんですか？」と聞いてみて、同じことを試してみる

「この人いいな」と思ったら、何かマネできることはないか観察してみる。小さいことからマネしてみましょう。

081

一歩踏み出せないなら、

# 具体的な「動作」にする

人間って、やるべきことが「具体的」であればあるほど、余計なことを考えて立ち止まる必要なく、スムーズに行動できます。
『あなたの不安を解消する方法がここに書いてあります。』（吉田尚記 2020）

「頭ではわかっているけど、行動できない……」

多くの内向型の人にとってお馴染みの状況かもしれません。私自身もよくぶつかる、いわゆる「行動の壁」です。

『あなたの不安を解消する方法がここに書いてあります。』（吉田尚記 2020）によると、不安は「何もしないこと」によって増幅されることがあります。一方で、不安を軽減するには「行動」が効果的です。そのときの鍵は、抽象的な「言葉」から、**具体的な「動作」にする**ことです。

たとえば、「心がける」や「意識する」、さらには「努力する」といった言葉は素晴らしいものですが、行動にするには難しいことがあります。なぜなら、「動作」になってないからです。

「動作」とは、誰もが同じように行動できるものです。

たとえば、「朝起きたら、○○を紙に書く」といった具体的な「動作」にすれば、行動に移すことができるのではないでしょうか。

**具体的な「動作」にするポイント**

**①否定形ではなく肯定形にする**

×「言わない」「○○しない」

○「言う」「○○する」

**②心の中のことではなく、「動作」にする**

×「心がける」「意識する」「努力する」

○「朝起きたら、○○を紙に書く」「1日1回、相手によいところを伝える」

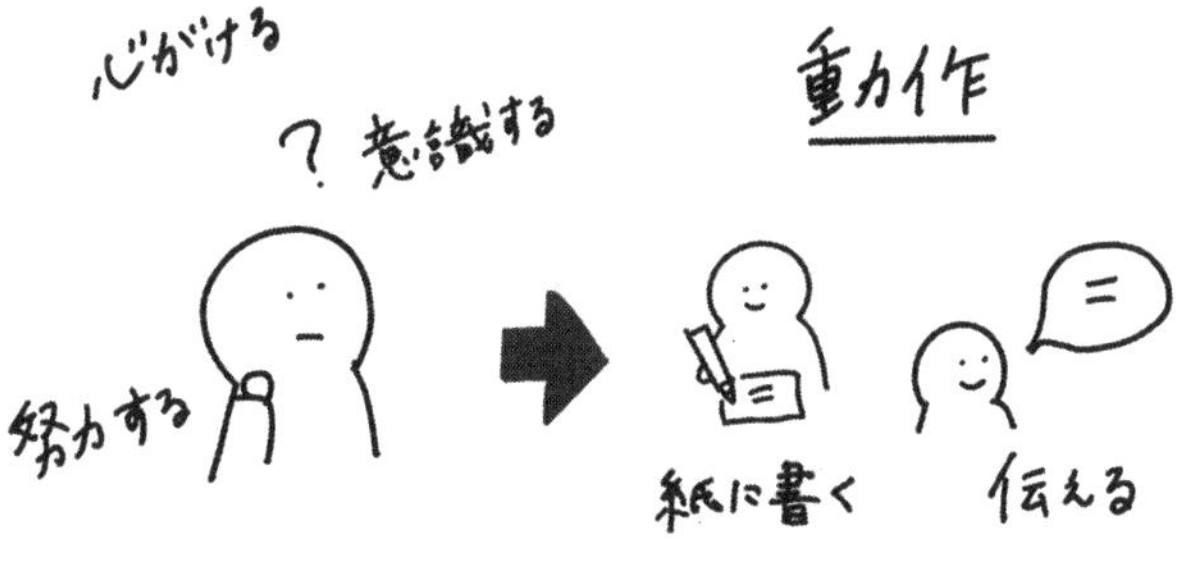

082

# なんか気分が乗らないなら、お気に入りのモノを身に着ける

しっくりくるものを身に着けるだけで集中力は高まる
『ひっこみ思案のあなたが生まれ変わる科学的方法』（アンディ・モリンスキー 2017）

「形から入る」という言葉があります。

たとえば、ランニングを始めようとなったときに、まずはシューズやウェアなどお気に入りのモノを買い、外見や格好などの外側から始めることです。

やることは決まったけれど、なんか気分が乗らない、というときはありませんか。

そんなときは、まずは**形から入る**、つまり**お気に入りのモノを身に着ける**とよいでしょう。

『ひっこみ思案のあなたが生まれ変わる科学的方法』（アンディ・モリンスキー 2017）によれば、これはコンフォートゾーン外の行動を取りやすくするのにも有効な手段です。たとえば、人前で話すときに、不安になることがあるでしょう。でも、お気に入りの指輪を身に着けると、自

信を持って話せるようになったりします。

私も実際に、次のような経験をしてきました。

・ブログを始めるときに、お気に入りのパソコンを買ってみた。持っているだけで、何だか気分が上がり、自然とパソコンを使ってみたい気持ちになる。

・メモを始めるときに、お気に入りのノートとペンを買ってみた。使っていると心地よいので、つい使う頻度が上がる。

・ここぞというとき（人前で話すときなど）は、お気に入りの服や小物を身に着ける。お気に入りのモノを身に着けているだけで、気分が上がったり、緊張しているときは少し気持ちが和らいだりします。このように形から入ることで、行動に前向きなエネルギーを得られるでしょう。

083

わかっていても行動できないなら、

# とりあえず手や体を動かす

心の中で「やろう」と思っただけではやる気は出ないということです。
ところが、体を動かし始めると、やる気は自然にわいてきます。
『成功する人は心配性』(菅原道仁 2017)

「考える前に行動しよう」

このようにアドバイスされることもあるのですが、「それができたら苦労しないのに」と思っていました。

でも、考えても行動できないなら、**とりあえず手や体を動かしてみる**ことをおすすめします。なぜなら、考えが広がったり、やる気が湧いてきたりするからです。内向型は、その特性として、自分の感覚に注意を払いながら、**手や体を動かすことで新たな気づきを得る**ことができます。動くことで、**考えすぎてしまう弱みを補う**こともできます。

たとえば、ずっと机の前で考えこんでいたけれど、アイデアが浮かんでこなくて煮詰まってしまったとき。とりあえず、部屋の掃除を始めたら、本屋に行ってみたら、アイデアがひらめいてきたことがあります。もしかしたら似たような経験をお持ちではないでしょうか。

他にも、何をやるにもうまくいかないことが多くて落ち込んでいたとき。とりあえず、メモをいっぱい書いて何となく手を動かしていたら、気持ちがリフレッシュできたこともあります。

**とりあえず手や体を動かすポイント**

**①何も考えずにできること**

**②すぐにできること**

この2つのポイントを満たすことから始めてみるとよいでしょう。

たとえば、この本を書くときも「一体、何から手をつけたらいいんだろう」と考えていたら、ずっと手が止まっていることに気づきました。とりあえず、お気に入りの本の1ページを写経（そのまま書き写し）することをしてみたら、だんだんと楽しくなっていったのです。

考えても行動できないなら、とりあえず手や体を動かしてみましょう。

084

## なかなか手を挙げられないなら、

# 「最前列」に座る

言葉づかいや座る位置の影響は驚くほど大きい
『ひっこみ思案のあなたが生まれ変わる科学的方法』（アンディ・モリンスキー 2017）

イベントや講演会などに参加するとき、どの辺りの席に座りますか？

私がおすすめしたいのは、**「最前列」に座る**ことです。

以前の私にとっての定番は後方席だったのですが、「座る位置の影響は驚くほど大きい」ことを知ってからは、最前列に座るようにしました。

実経験から言うと、次のようなメリットがあるので、内向型の人にこそ「最前列」をおすすめします。

### 「最前列」に座るメリット

### ①話に集中でき、気づきが増える

最前列に座ることで、講師に近い位置にいるため、話により集中しやすく気づきが増えます。後方席だと他の参加者など視覚的な刺激が多くなり、気が散りやすい状況が生まれます。最前列ならば、他の参加者や視界の妨げが少なく、話に集中できます。

### ②講師に顔を覚えてもらえる

最前列に座ると、講師と近い位置のため、顔を覚えてもらいやすくなります。後で講師に話しかけやすくなるなどのよい効果があります。実際、最前列に座っていたことで、後から講師に話しかけて私たちのイベントにご登壇いただくことになったケースもありました。

### ③手を挙げやすい

「どなたか質問がありますか？」と言われたときに、後方席に座っているとハードルが上がります。大きな声を出さないと気づいてもらえない、参加者の視線が気になるなどのハードルがあるからです。最前列だと、周りを気にせず手を挙げやすくなります。

「最前列」に座るのは、最初は勇気がいるかもしれません。居心地が悪いかもしれません。けれども、最前列に座るメリットを実感すれば、慣れていくことでしょう。

085

自分の殻を破りたいなら、

# 手を挙げてみる

手を挙げるとき、心臓がドキドキしていても気にしないこと。ほとんどの人がドキドキしているのです。それでも発言することに意義があります。

『静かな力』(スーザン・ケイン 2018)

「手を挙げる」というのは、外向型の人が得意とする傾向があります。一方で、注目の的になりたくない内向型の人にとっては、プレッシャーを感じる傾向があるでしょう。

でも、私はここぞというときに**「手を挙げる」ことで、自分の殻を破り、チャンスを広げる**ことができました。たとえば、私の人生の大きな転機となったのは、ある番組の観覧に参加していたときでした。「誰かコミュニティをつくりたい人いますか?」という問いかけに思い切って、手を挙げることができたのです。

『静かな力』(スーザン・ケイン 2018)には、手を挙げるときの作戦が書かれています。それを一部アレンジして、ご紹介させてください。

**①先手必勝**

最初に手を挙げれば、気が楽になります。何人もが手を挙げた後だと、意見が出尽くしていて、手を挙げづらくなることがあります。最初に手を挙げられるように、準備をしておきましょう。

私の場合、番組観覧の前に「こういうことができたら」と考えていたから、司会の方とつながりをつくっていたから、最前列に座っていたから、最初に手を挙げることができました。

**②意義を理解する**

「手を挙げる」ことが、自分にとってどんな意義があるのか理解しましょう。たとえば、自分の意見を共有できる、質問できる、学びが深められる、チャンスをつかめるなどがあります。

**③メモを見て話す**

もし頭が真っ白になる心配があるなら、事前に話したいことをメモしておきます。

手を挙げるのは、最初は緊張するかもしれませんが、だんだんと慣れてくるものです。

086

## 自分がよくわからないなら、「書く」アウトプットを継続する

あたかも指先が意志を持つかのように次々と言葉が湧き出てくるのです。
『内向型人間がもつ秘めたる影響力』（ジェニファー・B・カーンウェイラー 2013）

小さなDoをしたら、**Check（振り返り）**をすることで、小さな成功体験が生まれます。これが、次のチャレンジの原動力になるでしょう。

**「アウトプット」**との出会いは、私にとって大きな転機になりました。

内向型の本には、「書く」方法のアウトプットについて多く書かれています。ひとりで内省することが得意な内向型にとって、**「書く」ことは自分と向き合い、気づきを得るための大切な時間**となります。

私の場合は、日記、X（旧Twitter）などのSNS、ブログを通じて、「書く」アウトプットをしています。様々な方法がありますが、**他人の目に触れる形でアウトプットすることで、自分を大きすぎず、小さすぎず客観的に見ることができる**ようになりました。

## 自分を客観的に見ること

自分を小さすぎず見ること、つまり適切に自己評価をすることは重要です。これまで内向型の本を読み、いろいろな内向型の人たちと話をしてきて、内向型には、自分を大きく見るよりも小さく見てしまう傾向があることを体感しました。いわゆる自己評価が低い状態です。

私は書くことによって、次第に自分を小さすぎず見ることができるようになりました。

書くことで、自分のありのままの感情を受け止める。
書くことで、「意外とできているかも」といったことがわかる。
書くことで、ネガティブな言葉よりポジティブな言葉を選ぶ傾向になる。

「どうせ無理」とか「できない」といった言葉よりも、「これから実践していきたい」とか「学んでいきたい」といった小さな願望を言葉にしています。言葉を積み重ねることで思考が整理され、自分への理解が深まるのです。

たまに積み重ねてきたものを振り返ってみることで、自分を客観的に見て、気づきを得ることもできます。たとえば、X（旧Twitter）の140文字以内のアウトプットなど、**「書く」アウトプットを継続**してみましょう。

087

「どうなりたいか」がわからないなら、

# とりあえず「なりたい自分」を言葉にする

自己イメージを自分がなりたいと思う方向に変えていけば、
なりたいような人物になれるわけだ。
『99％の人が知らない「内向型な自分」の磨き方』（榎本博明 2012）

『99％の人が知らない「内向型な自分」の磨き方』（榎本博明 2012）によると、**「なりたい自分」を言葉にする**ことで、自分の思考や行動がそれに近づいていくと述べられています。

これは**「アファメーション」**と呼ばれており、「なりたい自分」を目指すための宣言です。具体的には、次の3つのポイントで言葉にすることで、あたかもそれが現実であるかのように自分の脳に認識させていく方法です。

**アファメーションの3つのポイント**

**①肯定形　②現在形　③具体的**

たとえば、「私は会議で堂々と意見を述べている」「私は新しいことにチャレンジしている」「私は着実に前に進んでいる」などの言葉が挙げられます。大それたものでなくて構いません。小さなことでいいのです。**とりあえず、**「なりたい自分」を言葉にしてみましょう。

## アファメーションの実践方法
## ①紙に書く　②口に出す　③いつでも見えるところに配置する

「そんなことで、なりたい自分になれるんだろうか……」「なりたい自分と言われても、なかなか言葉が出てこない……」と思われるかもしれません。私自身も同じでした。**だまされたと思って、とりあえず簡単なところから始める**ことが重要です。何も思いつかなければ、先の例文から選んでもよいでしょう。私の場合は、『なつみは何にでもなれる』（ヨシタケシンスケ2016）という絵本のタイトルが好きで、これをスマホの画面にしています。

継続的に「なりたい自分」を言葉にすることにより、そこに意識が集中するので、欲しいものが入ってきやすくなることに気づくでしょう。これは、脳の「フィルタリング機能」が、外部情報の中から、自分にとって必要なものを選別しているからです。毎朝起きたときや通勤のときなど、習慣化できるタイミングで取り入れるのがよいでしょう。

088

「自分らしくないかも」と感じるなら、

# 「役割」を演じ切る

会社は舞台。役割を演じてナンボだと思おう。
『話べたな人の自己表現の本』(本多信一 2002)

私は母親が集まるコミュニティを立ち上げ、5年もの間、運営をしています。今でこそコミュニティ運営には、人見知りや内向性の強みが活かせると実感していますが、立ち上げ当初は「なぜ私がやっているのか?」「私でいいのだろうか?」「自分らしくないのでは?」と不安に思っていました。

そんなときに役に立ったのは**「役割」を演じ切る**ことでした。私たちは、役があるから、誰かの役に立つことができるのです。

- 自分の役割とは何か?
- 何が求められているか?
- どうありたいか?

これらを考え、演じ切ります。コミュニティ運営においては、「メンバーのみなさんが、心地よく安心していられる場にする」のが自分の役割だと考えました。

前にコミュニティ運営の勉強会をしたときに、「胃袋をつかまれたような感じ」「みんなのお母さんだね」と言われました。メンバーのことを観察し、こまめに対応していることが伝わったようです。「どうして、そんなに観察できるの？」と聞かれたときに、「役割だから」と答えました。

もしかしたら、ドライな答えだったかもしれません。

でも、自分が担う「役割」があるからこそ、メンバーの居心地がよくなる方法を考え、実践できるのだと思います。「役割」がなかったら、ここまでできていなかったと感じています。

「役割」を通じて人は変われるということも、「ちょっと背伸びした役割をやってみよう」という発想も、今ならよく理解できます。

無理をする必要はありません。でも、**「自分らしくないかも」と思ったときこそ、チャンス**です。なぜなら、「自分らしくない」と感じる状況は、これまでの領域を越える新しい経験や挑戦を表しているからです。

089

## 自信がないなら、自信のあるフリをする

『成功する人は心配性』(菅原道仁 2017)
笑うと視野が開けることもある

「自信がないから、できない……」と思うことはないでしょうか。

内向型の人は、こう思うことが多いかもしれません。でも、**実は「自信がない」は、行動できない理由にはならない**のです。次のように、順番が逆であることに気づきます。

「自信がない」→「行動しない」→「ますます自信がなくなる」という悪循環になります。

でも、「自信がない」→「行動する」→「自信になる」のです。

つまり「自信」とは、あくまでも行動の結果であり、行動するための理由にはならないのです。「自信がないから、できない……」と思っていたら、いつまでたっても行動できません。

「そうは言っても、そう簡単に行動できない……」と思うこともあるでしょう。

自信がないなら、**自信のあるフリ**をすればいいのです。つまり、**自信がある人がしていそうな動作をすればいい**のです。たとえば、「姿勢を正している」「前を向いている」「笑顔でいる」などです。これらの動作を取り入れることで、自分にも自信が芽生えやすくなります。

『ひっこみ思案のあなたが生まれ変わる科学的方法』（アンディ・モリンスキー 2017）によると、自信のあるフリをすることで、周りに自信に満ちた印象を与えるだけでなく、自分自身にも自信を感じさせることができるのです。

元ハーバード大学大学院で社会心理学者のエイミー・カディ博士らが実施した調査では、机の上に手をつくなどの**「パワーポーズ」をとる**だけで、体内で一時的にパワーホルモン（テストステロン）が増加し、ストレスホルモン（コルチゾール）が減る結果が出ました。こうした身体の変化が、自信を得る一助となります。

090

「これって、やる意味があるのかな？」と迷うなら、

# 「目的」を言葉にする

内面には頑な信念があり、自分の世界を極め、
目的を達成するというパワーは、並々ならぬものがあるといえるのです。
『口下手・弱気・内向型のあなたのための 弱みが強みに変わる逆転の心理学』（神岡真司 2018）

何かをしているときに、「これって、やる意味があるのかな？」という疑問が頭をよぎったり、やらされ感を覚えたりすることはありませんか。内向型の人にとって、外部からのプレッシャーや期待に応えることが、その理由になることもあります。

このような迷いや、やらされ感は、**「なぜ、これをやるのか？」という「目的」を言葉にする**と解消されることがあります。内向型の人は、自分の内面に向かって深く考えることが得意なため、自分の中で意味を見出すことで、エネルギーにすることができるでしょう。

有名なレンガ職人の話を例に挙げてみましょう。

3人のレンガ職人それぞれに、「何をしているのですか？」と尋ねると、返ってくる答えが

次のように異なります。

1人目「見ればわかるだろう。親方の命令でレンガを積んでいるんだよ」
2人目「この仕事は大変だけど、賃金がいいからやっているのさ」
3人目「後世に残る大聖堂を造っているんだ。こんな仕事に就けてとても光栄だよ」

このなかで仕事に働きがいを感じていて、幸福度が高いのは、3人目のレンガ職人だと言われています。

内向型の人にとっては、1人目のように作業の命令に従っているだけでは、やらされ感を覚えるでしょう。また、2人目のように、お金や外的な報酬だけが動機だと物足りなさを感じるでしょう。でも、3人目のように、**やっている目的や納得できる意味**を言葉にできると、豊かな充実感につながるのです。

たとえば、私も、英語の勉強をするときに「上司に言われたから」やっていたときは、英語のクラスに参加することが苦痛でした。でも、目的を自問自答し、「ビジネス英語を学んで社内で異動したいから」と言葉にすることで、前向きに学べるようになりました。

内向型の人にとって、「目的」を言葉にすることは、大きなエネルギーになるでしょう。

091

いきなり大きな変化ができないなら、

# 「毎日0・2％」の改善をする

人がどうふるまうかを大きく左右するのは、内なるスコアカードがあるか、それとも外のスコアカードがあるかということなんだ。
『ウォーレン・バフェット　成功の名語録』（桑原晃弥 2012）

ここからは、小さなチャレンジを習慣化するためのＡｃｔｉｏｎ（改善）を紹介していきます。「うまくいかない」「続かない」などの**失敗に目が向きがち**ですが、継続的な集中力を活かして習慣化にチャレンジしましょう。

私はいきなり大きな変化をしようと試みたことがありますが、うまくいきませんでした。そんなときに出会ったのが、経済評論家の勝間和代さんがおすすめされている**「毎日0・2％」の改善**です。

0・2％改善すると、明日の自分は100・2％になります。これを365日続けると、207・3％になります。つまり、**毎日0・2％ずつ改善していくと、1年後には2倍の変化**を達成できるわけです。これはいわゆる**「複利」**の考え方で、小さくとも継続的な改善こそが、結局は大きな変化につながるのです。

この0・2％とは、1日24時間、つまり「1440分」であることを考えると、たったの「3分」になります。私は、この「3分」を何らかの改善に使ってみることから始めました。

### 「毎日0・2％」の改善をするヒント

**①たった「3分」でもできる改善は何ですか？**
**②思いついたことをやってみましょう**
**③継続してみましょう**

私たちが運営しているコミュニティでは、「毎日0・2％」の改善をしてシェアし合うことを実践していました。以下は例となります。

・興味ありそうな人に記事をシェアした／積読《つんどく》していた本をちょっと読んだ／新作のアイスを食べた／同僚と雑談をした　などなど

これらの小さな改善が積み重なり、結果的に大きな変化につながるでしょう。

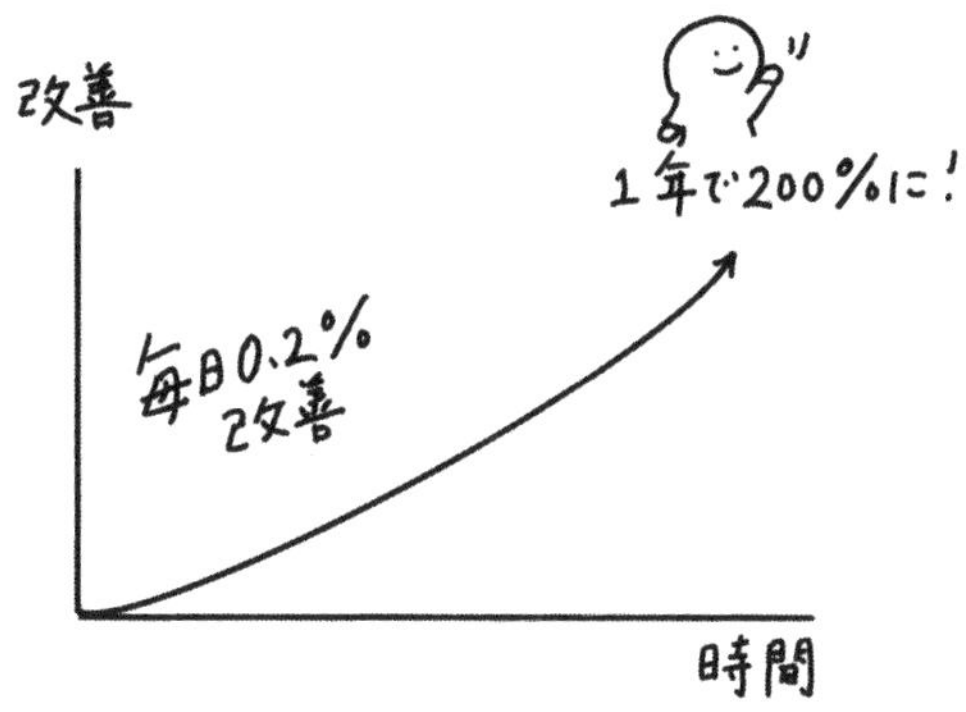

092

「ペースが遅い」と感じるなら、

# 「短期的喜び」と「長期的喜び」を設定する

人生におけるわたしの歩みはたしかにのろいかもしれない。
それでもわたしは、かなりのことを成し遂げてきた。
『内向型を強みにする』(マーティ・O・レイニー 2013)

いきなりですが、「ウサギとカメ」の昔話は、好きですか?

内向型の本でもよく取り上げられていますが、私は自分をカメに例え、カメから多くの勇気を得てきました。たとえペースが遅くても、着実に進むことの大切さを知ったからです。

「ウサギとカメ」を読むと、カメに対して次のような疑問が湧いてきました。

- なぜ、ウサギに大差をつけられても歩み続けたのか?
- なぜ、ウサギが居眠りをしているのにもかかわらず、油断せずに歩み続けたのか?

私は、カメには**「短期的喜び」と「長期的喜び」があった**のではないかと考えています。

・短期的↓一歩ずつ進み、進捗を確認して感じる喜び
・長期的↓着実に進めばゴールできるという喜び

ウサギは「カメは遅いから大丈夫」とカメを見ていたのに対して、カメは**自分の中の喜び**を見ていたから歩み続けられたのではないかと思うのです。

私が新卒でＩＴ企業に入社したとき、正直言って落ちこぼれでした。同期には理系の大学院卒の方が多く、文系でパソコンもろくに触ったことがなかった私は新卒研修についていくのがやっとでした。でも、**自分なりの「短期的喜び」と「長期的喜び」を設定する**ことで、歩みを続けることができたのです。

・短期的↓目の前の課題を学び、少しずつスキルを増やしていくことの喜び
・長期的↓自分の得意分野を見つけ、その分野で頼られる存在になることの喜び

093

三日坊主で終わってしまいそうなら、

# 目標を公言する

目標を公言し、逃げ道をふさげ
『99％の人が知らない「内向型な自分」の磨き方』（榎本博明 2012）

目標を掲げても、三日坊主で終わってしまいそうになる……。
そんなときには、**目標を公言する**のがおすすめです。

人には、**「一貫性の原理」**という、自身の行動、発言、信念などを一貫したものにしたいという心理があります。内向型の人は、自分と向き合い、自身の価値観や信念と整合性が取れるように行動しようとするため、この心理がより働きやすい傾向があるでしょう。

特に「他人に注目されている」場合には、この心理が働きやすいのです。つまり、目標を公言してしまうと、よい意味でプレッシャーがかかり、どうにかしてやり抜こうとします。

とは言っても、内向型の人にとっては、目標を公言することが恥ずかしい、抵抗があると感じることもあるでしょう。

「目標を達成できなかったら、どうしよう……」「こんなこと公言しちゃって、恥ずかしくないかな……」という気持ちがあるのかもしれません。

でも気にしているのは自分だけで、他人は人のことなど気にしていないものです。実際、今ご自身が気にかけている他人の目標は、ほとんどないのではないでしょうか。

まずは、**小さな目標を公言する**ことから始めるのがよいでしょう。

私の場合「今日からSNSでアウトプットをします」という目標を公言をしたことがあります。公言する前は、ドキドキしていたし、勇気が必要だったのですが、実際にはX（旧Twitter）で投稿するだけです。

いざ公言してみると、意外と応援してくれる人がいたり、一緒にチャレンジしてくれる人が現れたり、何よりよい意味でのプレッシャーになって継続することができました。

094

## 意志が弱いと思うなら、「仲間」をつくる

これまでと違う態度や言動を定着させるには、(中略)「そうせざるをえない仕組み」を自分でつくるのが非常に効果的だ。
『ひっこみ思案のあなたが生まれ変わる科学的方法』(アンディ・モリンスキー 2017)

「続けたいけど、なかなか続けられない……。意志が弱くて……。」

習慣化におけるありがちな悩みですよね。続けるために大切なのは、**意志よりも仕組み**と言えます。

仕組みにはいくつかの要素がありますが、中でも効果的なのが**「仲間」をつくる**ことです。

「ひとりでやるほうが楽だから」「誰かに頼るのも申し訳ないから」と、私は「ひとり」でやってしまいがちな性格です。でも、「仲間」がいると続けられることに気づきました。

これまでアウトプットなどの習慣化チャレンジをやってきましたが、進捗を報告し合える仲間がいるからこそ、続けられたのです。

「とは言っても、そう簡単に仲間が見つかるのだろうか」と思われるかもしれません。けれども、次に示すような方法で意外と仲間は見つかるものです。人数が多くなくても構いません。ひとりであっても、「仲間」がいることが心の支えになり、続けられる仕組みになるのです。

### 「仲間」をつくる方法

- **SNSや、つながりのある人に、「どなたか一緒にやりませんか」と呼びかけてみる**
- **同じようなことをやっている人がいる場やコミュニティに参加してみる**
- **「習慣化」を目的としているサークルやアプリのコミュニティに参加してみる**

内向型の友人であるアイさんは、仲間といっしょにやることで習慣化するのが上手な人の一例です。たとえば、「振り返り」を習慣にしたいと思ったら、一緒にやる仲間を募ったり、SNSを活用したり、コーチングなどの学びの場に参加したりすることで仲間を見つけたりしています。

続けることの難しさを感じたとき、仲間とのつながりが助けとなり、目標への道のりが再びさらに楽しくなることでしょう。

095

どうしてもやる気が出ないときは、

# とりあえず1分間やってみる

先のことまで考えたり、頑張ろうと意気込んだりすることをやめ、何も考えず、指一本動かすだけでいいことから始めてみる。
『実は、内向的な人間です』（ナム・インスク 2020）

私は、やりたいことがあっても「すぐにやりたい！」と言って行動できるタイプではありませんでした。そんな私の人生を変えるキッカケになったのは、ブログを始めたことです。

ある日思い立ってブログを立ち上げてから、気づいたら2年間毎日続けていました。2年間継続してみて気づいたのは、やる気があるから行動できるのではなく、行動するからやる気が出る。つまり、**やる気とは「結果」である**ということです。

「今日はブログ書けないな。疲れちゃったし、やめようかな」と思うことも何度もありました。でも、1分くらいブログを書きはじめると、なんとなく書ける気になるのです。ポイントになるのは、**とりあえず「1分」でもいいからやってみる**こと。

これは、**「作業興奮」**と言い、一度作業を始めると湧いてくる集中力や意欲のことです。諸説ありますが、ドイツの精神科医エミール・クレペリンによって提唱された概念だとされています。

一般的に、人は作業を開始する前に面倒くささを感じます。やる気が湧かず、なかなか勉強や仕事に着手できません。「やる気が出ないから」を理由に行動しないのは、単なる言い訳です。

実は、この本を書いているときも、何度も言い訳をしてしまいそうになりました。でも、その度に「まずは1分でも書いてみよう」と手を動かしてきました。そのうちに、自分の内的世界に没頭して、内向型の集中力を発揮することができるようになったのです。

×「やる気がでないから、やめよう」

**○「とりあえず、1分やってみたら、やる気がでる」**

**やる時間**（例：6時になったらやる）**を決める**とよいでしょう。

096

「やっぱり、できない」と思うなら、

# 「マイナス言葉」を「プラス言葉」に言い換える

どんな言葉を使うかによって、人生の質は大きく違ってくる。

言葉には希望を打ち砕くものもあれば、力を与えてくれるものもある。

『とにかくやってみよう―不安や迷いが自信と行動に変わる思考法』（スーザン・ジェファーズ 2009）

ここからは、小さなチャレンジから大きなチャレンジをしていくためのPlan（計画）について、見ていきましょう。

大きなチャレンジをしようとすると、「でも、行動できない」「どうせ自分には無理」などと心の中で思ったり、口に出したりしてしまうことはないでしょうか。

『とにかくやってみよう―不安や迷いが自信と行動に変わる思考法』（スーザン・ジェファーズ 2009）によると、潜在意識は聞いた言葉をそのまま記録してしまうそうです。

「でも」「どうせ」「できない」といったマイナス言葉を使うと、潜在意識に記録されて、行動が阻害されてしまいます。内向型の人は不安を感じやすい傾向にあるため、無意識のうちにマイナス言葉が生まれてくることがあるかもしれません。でも、これらを**プラス言葉に言い換**

**え**てみましょう。そうすれば、行動につながるパワーに変えることができます。

「でも、行動できない」→「これなら行動できる」
「どうせ自分には無理」→「自分にもできることはある」
「これは問題だ」→「これはチャンスだ」

「そうは言っても、心で思っていないことは言葉にできない」と思われるかもしれません。最初は半信半疑かもしれませんが、とにかく言葉にしてみることです。いざやってみると実際に行動につながることが実感できるでしょう。

私の例で言えば、子どもが産まれてから外出が「難しい」と思っていました。でも、「自分にもできる」と言い換えてみたら、次第に「どうすればできるか?」に心が向くようになり、次第に行動につながっていきました。言葉が、心と行動をつくっていくのです。

**「マイナス言葉」を「プラス言葉」に言い換えるポイント**

**①否定形を肯定形にする**
**②半信半疑でも、「プラス言葉」を口にしてみる**
**③「話す」「書く」の方法で「プラス言葉」を何度も使う**

097

自分の中になにか「葛藤」があるなら、

# 「葛藤」を分析する

矛盾や葛藤は「生み出す力」に転化できる
『99%の人が知らない「内向型な自分」の磨き方』(榎本博明 2012)

自分の中になにか「葛藤」はありますか。

たとえば、「もっと仕事を頑張りたい自分」と「もっと自由時間が欲しい自分」。もしくは「独立したい自分」と「会社員の安定した収入は欲しい自分」など、異なる思いがあることはありませんか。

以前は、「葛藤」を抱えていることが好きではなかったのですが、今では前向きに捉えられるようになりました。なぜなら、実は**「葛藤」は尊い**ことだと気づいたからです。

**「葛藤」があることは、自らが進化しようとしているサイン**とも言えます。なぜなら、「理想」がなければ「葛藤」は生まれないし、逆に「葛藤」がなければ、自分の状況は改善されません。そのため、「葛藤」を抱えることは、成長を促す手段と気づいたのです。

次のように**「葛藤」を分析する**ことで、新たな気づきが得られ、「行動」を生み出す力に変えることができます。ここに内向型の分析力が活かせるでしょう。

### ①「葛藤」している2つの思いを書き出してみる（ここではAとBと表現します）

（例）Aは、「もっと仕事を頑張りたい自分」。Bは、「もっと自由時間が欲しい自分」。

### ②それぞれのよいことを書き出してみる

（例）Aは、「仕事が楽しくなる」「仕事にやりがいが感じられる」「仕事を通じて成長できる」。Bは、「自分の学びのために時間が使える」「遊びと仕事のバランスが取れる」「心にゆとりが持てる」。

### ③それぞれのよいことをミックスさせる案を考えてみる

（例）A、Bそれぞれのよいことをミックスした「自分が学びながら仕事が楽しくなる方法はないか」の案を考えてみます。たとえば、なにか少しでも新しいことが学べる研修に参加する、新しいプロジェクトに参加する、もしくは課外活動に参加するなどが考えられるでしょう。

# 098 失敗が怖いなら、メリットをできるだけ挙げる

どんな決断をしても、どんな行動をとっても、本当は失うものなどひとつもない。あるのは得るものばかり
『とにかくやってみよう――不安や迷いが自信と行動に変わる思考法』(スーザン・ジェファーズ 2009)

目の前に2つの選択肢があるとき、「どちらかを選んで行動したのに、うまくいかなかったらどうしよう……」「失敗したくない」と思うことはないでしょうか。

これは、どちらか一方が正解で、もう一方が間違いだと思っているからかもしれません。

『とにかくやってみよう――不安や迷いが自信と行動に変わる思考法』(スーザン・ジェファーズ 2009)によると、「必ず成功する」モデルがあると述べられています。つまり、**それぞれの選択肢から得られるメリットを明確にする**ことで、**どちらも正解の選択肢になる**のです。

「失敗が怖い」と思い、デメリット(リスク)をあらかじめ考えておくのは大事なことです。

ただ、失敗を恐れるあまりに、何の行動もできないのであれば、選択肢から得られるメリッ

トをできるだけ挙げましょう。特に行動したことで得られる経験は、やる前は少なく見積もってしまいがちですが、大きなメリットになります。

**①考えられる選択肢を並べてみる**

**②メリット（得られること）をできるだけ挙げる**

**③デメリット（リスク）も挙げる**

**④デメリットには、対処策も考えておく**

悩んでいるときは、これらが明確になっていない場合や、デメリットばかりに注目してしまっている場合が多いと気づきました。

自分だけで考えるのではなく、信頼できる人に相談したり、同じような経験をした人や、情報を持っている人に話を聞いたりしましょう。自分が思っている以上に、メリットが多いことに気づくでしょう。

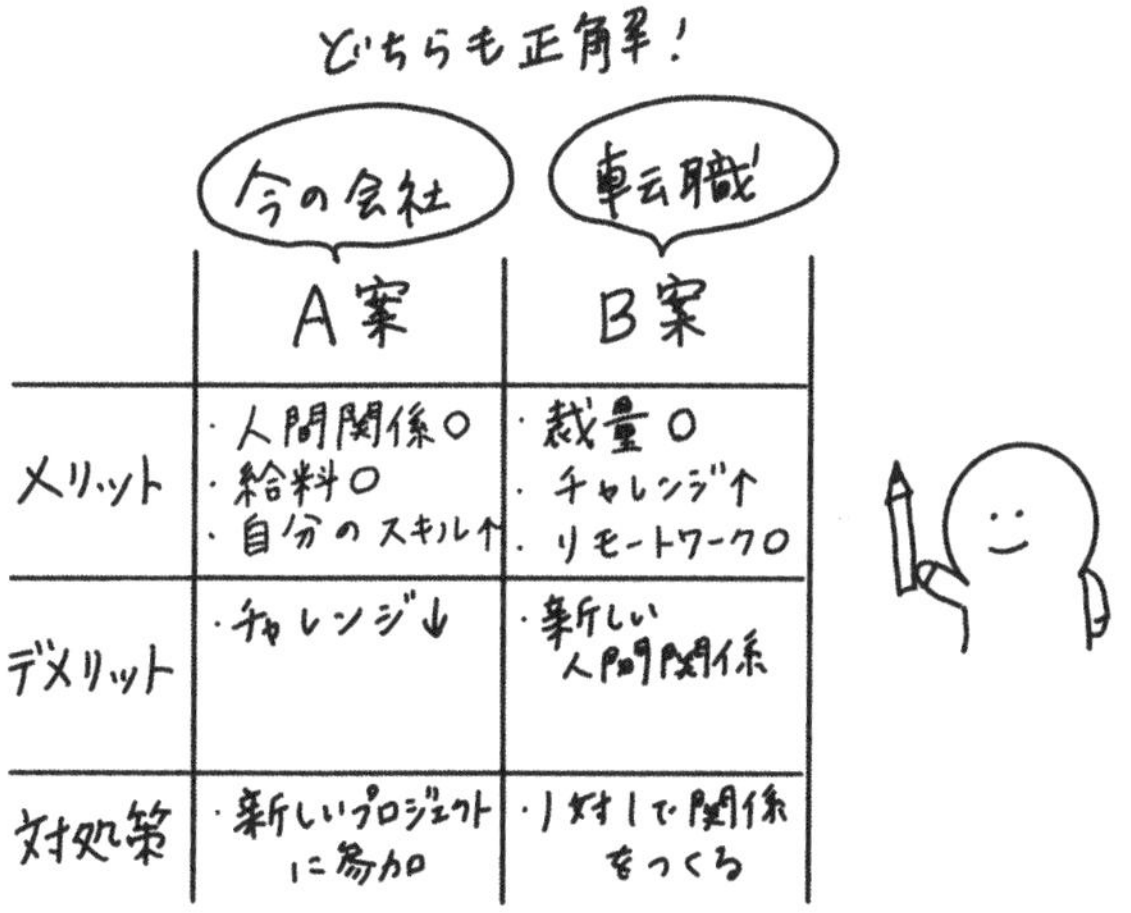

どちらも正解！

| | 今の会社 A案 | 転職 B案 |
|---|---|---|
| メリット | ・人間関係○<br>・給料○<br>・自分のスキル↑ | ・裁量○<br>・チャレンジ↑<br>・リモートワーク○ |
| デメリット | ・チャレンジ↓ | ・新しい<br>人間関係 |
| 対処策 | ・新しいプロジェクト<br>に参加 | ・1対1で関係<br>をつくる |

099

# 後悔したくないなら、「後悔しない」期間を決める

決断をくだすと、誰でもそのあと思いどおりになってほしいと期待するものだ。（中略）いったん決断したら、そのイメージは捨ててしまおう。

『とにかくやってみよう──不安や迷いが自信と行動に変わる思考法』（スーザン・ジェファーズ 2009）

私には、何かを決めたり、選択したりするときの恐れの1つとして「後悔したくない」という気持ちがありました。でも、『ビジネスと人生の「見え方」が一変する 生命科学的思考』（高橋祥子 2021）を読んで**「後悔しない」期間を決める**ことを学びました。

その本の中で「覚悟」について次のように書かれていました。まさに衝撃的でした。

「私が考える覚悟とは、「不確定で曖昧な未来に対して、どうなっても絶対に後悔しないと最初に決め抜いておくための、掟のようなもの」です」

つまり、**やり切るまでは中途の過程で何があっても後悔しないと決める**こと。**「時間条件を**

**区切っておく」**ことも重要と書かれていたのです。

たとえば、「異動して2年間は後悔しない」と決めること。

それまでは、「あの自分の決断は正しかったんだろうか」「他の選択をすればよかったんじゃないか」と、くよくよと後悔することが多かったのですが、それは、自分が思い描いていたイメージ通りにならなかっただけ。いわゆる「隣の芝生は青い」状態に陥っていただけのことでした。

しかし、「後悔しない」期間を決める方法があることに気づいてからは、余計な後悔がなくなりました。

付け加えると、「そんな大それた覚悟なんて、できないよ」とも思ったのですが、実は小さな覚悟でもよいそうです。たとえば、「今日の打ち合わせの1時間は後悔しない」というのも、小さな覚悟の1つです。これらの覚悟が積み重なることで、余計な後悔に振り回されることが減るでしょう。

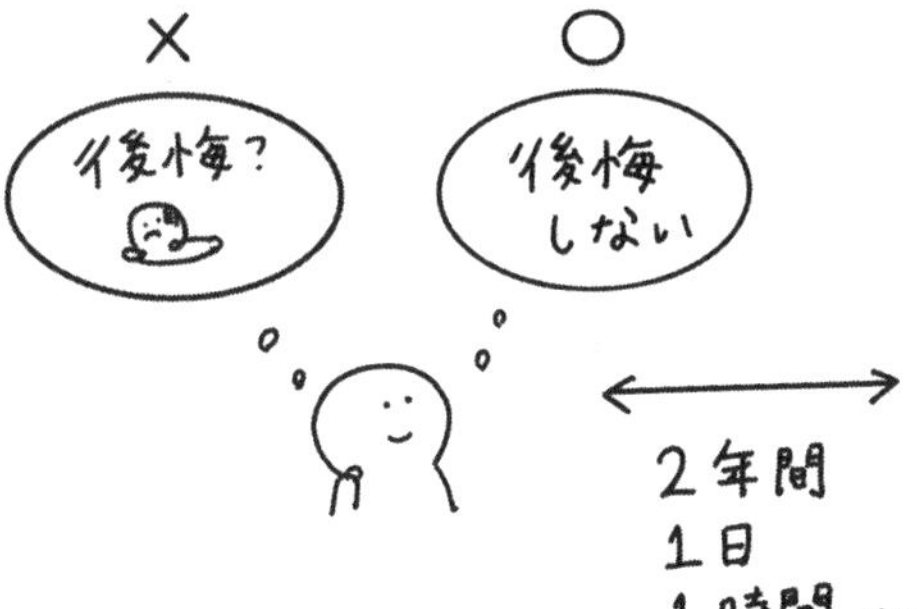

100

**どちらに進むか迷ってしまうなら、**

# ワクワク、ドキドキするほうを選ぶ

直感に気をつけるようになれば、
それが自分にどれほどいいアドバイスをしてくれるかを知って驚くだろう。
『とにかくやってみよう――不安や迷いが自信と行動に変わる思考法』（スーザン・ジェファーズ 2009）

「いろいろと考えてみたものの、決断ができない……」「どちらに進むか迷ってしまう……」と感じたことはありませんか。

そんなときは、**ワクワク、ドキドキするほうを選ぶ**のがおすすめです。

あらゆる選択肢を考え、それらのメリット、デメリットを洗い出し、論理的に答えを導くのも1つの方法です。でも、『とにかくやってみよう――不安や迷いが自信と行動に変わる思考法』（スーザン・ジェファーズ 2009）によれば、論理的ではなく、**自分の直感に基づいて決断する**ことも大切なのです。

私は決断に迷ったときは、自分の直感に基づく「ワクワク」と「ドキドキ」を判断軸にしています。

### ①「ワクワク」するほうを選ぶ

「ワクワク」は、内発的な動機を感じているときの表れです。内向型の人は内部からの刺激に敏感で、自分の興味や意欲から動くことによって、満足感を得ることができます。これが長期的な努力に対する動機づけとなるでしょう。

### ②「ドキドキ」するほうを選ぶ

「ドキドキ」しているのは、コンフォートゾーンを離れて新しい経験をするとき、つまり成長の機会であることの表れです。内向型の人は、新しい状況や挑戦に対して不安を感じることがありますが、「ドキドキ」はその不安をポジティブなエネルギーに変えるキッカケになります。不安が新しい経験に対する刺激に変換され、行動の原動力となるでしょう。

Book Guide

# Ⅰ型さんのためのブックガイド

# 内向型の私を
# 変えずに変えた本
# 厳選50冊

01

## 内向型人間のすごい力

### 静かな人が世界を変える

スーザン・ケイン 著　古草秀子 訳　講談社　2015

スーザン・ケインさんが「TED Talk」で披露した「内向的な人が秘めている力」は、大きな反響を呼びました。社交的で自己主張が激しいと思われがちなアメリカ人のイメージを覆すもので、内向型の人々の存在が強調されていました。実際、アメリカ人の約三分の一が内向型だと言われていますが、内向型の持つすばらしさが「美しい」と感じられます。

この本は、内向的な性格を持つ人々が抱える悩みを描きながら、そのポテンシャルや力強さについて考察されています。内向型の人々にとっては心強い味方となり、外向的な人々にとっても、内向的な人々の持つ魅力や力を理解する助けとなるでしょう。内向型についての理解を深めたいなら、まず最初におすすめしたい1冊です。

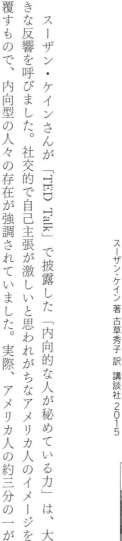

1章　〝誰からも好かれる人〟の隆盛／2章　カリスマ的リーダーシップという神話／3章　共同作業が創造性を殺すとき／4章　性格は運命づけられているのか？／5章　気質を超えて／6章　フランクリンは政治家、エレノアは良心の人／7章　ウォール街が大損し、バフェットがもうかったわけ／8章　ソフトパワー／9章　外向型にふるまったほうがいいとき／10章　コミュニケーション・ギャップ／11章　内向型の特性を磨く方法／終章　不思議の国

**本書で引用している箇所**

02

## 内向型を強みにする
### おとなしい人が活躍するためのガイド

マーティ・O・レイニー 著　務台夏子 訳　パンローリング株式会社 2013

心理療法士で内向型人間に関する研究における第一人者であるマーティ・O・レイニーさんが書いた本。内向型の長所、天性を活かす方法が学べます。人づきあい、仕事、パートナーシップから子育てまでも網羅している充実の1冊となっており、本書でも一番多く引用しました。

「なぜ、内向型は誤解されるのだろう?」という問いに、外向型と内向型の違いが丁寧に解説されています。たとえば、内向型は「充電式のバッテリー」に、一方で外向型は「ソーラーパネル」に似ているという喩えも、わかりやすかったです。

図鑑のように、興味ある章を読むだけでも、新しい発見があります。

1章 内向型と外向型はどこがちがう？／2章 内向型人間はなぜ誤解されるのか？／3章 内向型は生まれつき？すべて脳のなせるわざ／4章 パートナーとの関係、身近な人ほど誤解しやすい／5章 子育て／6章 人づきあい、パーティーを楽しむ方法／7章 仕事／8章 内向型の自分を守るために／9章 生まれ育った内向性を大切に育てよう／10章 外へ、あなたの光で世界を照らそう

**本書で引用している箇所**

## 03

# 内向型人間のための人生戦略大全

シルビア・レーケン 著 岡本朋子 訳 CCCメディアハウス 2014

「内向型人間」が家庭と職場で自己実現するための方法を説くセミナー講師、コミュニケーションコーチである著者シルビア・レーケンさん。

著者の実体験だけではなく、コーチとして悩みを聞いてきた方々の実体験をもとに職場、交渉事、プライベート、子育てなどのあらゆる場面で使える実践的アドバイスが網羅されています。この本は、ワークブック形式であり、自己診断テストが付属しています。自らの内向的な性格、強みと弱みを理解し、それを活かしながら自己実現を果たすためのヒントが、この1冊に詰まっています。

第1部　自分は誰か、何ができるか、何が必要かを知る方法／1章 なぜ「内気」なのか?／2章「内向型人間」の強み／3章「内向型人間」の弱み／第2部　プライベートと職場での成功の両方を手に入れる方法／4章 居心地のいいプライベート空間のつくり方／5章 職場でのふるまい方／第3部　注目され、耳を傾けてもらうためにはどうすればいいか／6章 人間関係を広げ、深める／7章 交渉／8章 スピーチ／9章 会議

**本書で引用している箇所**

## 04

# 「ひとりが好きな人」の上手な生き方

## 内向型が力を発揮するための実践的エクササイズ

ティボ・ムリス 著　弓場隆 訳　ディスカヴァー・トゥエンティワン　2023

フランス出身のライフコーチで、日本の大学院でＭＢＡを取得、東京のコンサルティング会社で勤務されていた著者ティボ・ムリスさん。

「ひとりが好きな人＝内向型の人」が生きづらさを解消し、充実した人生を「再設計」するための1冊。14のエクササイズは、ひとつひとつの「問い」に答えて、書き出していく方法で簡単に行えます。自分の強みとは何か、それらが自分の人生にどんなよい影響を与えているか、エクササイズを通して実感できるでしょう。ワークシートをダウンロードできる特典付きです。

本書に収められている「ポジティブな言葉集」は、普段の生活で気持ちが落ち込んだときに読み返したいものです。

第1章　内向性を正しく理解する（「内向性」とはどのようなものかを知る：内向型は外向型より外部の刺激を受けやすい：内向型の人の主な特徴：内向型の人と外向型の人は自己表現の方法が違う）／第2章　内向型であることを受け入れる（外向型のように振る舞う必要はない：自分らしさをないがしろにしない）／第3章　内向的な性格を最大限に活かす（内向的な性格に合った一日の過ごし方について考える：人生をより良くするための社交、仕事、人間関係のヒント）／第4章　内向型の本来の力を発揮する（内向的な性格を活かして社会に貢献する：大きな目標に粘り強く取り組む）／第5章　内向型人間の可能性を追求する（内向型の強みを活かしたリーダーになる：自分が何に情熱を感じるかを見きわめる：成功を収めた内向型の人たちから学ぶ）

**本書で引用している箇所**

05

## 「静かな人」の戦略書

### 騒がしすぎるこの世界で内向型が静かな力を発揮する法

ジル・チャン 著　神崎朗子 訳　ダイヤモンド社 2022

台湾出身、「超内向型」でありながら超外向型社会アメリカで成功を収めた著者が書いた「静かな人の潜在能力」を最大限に引き出すための戦略書。ひとつひとつのエピソードに首がもげるほど共感し、ストーリーがおもしろくて、あっという間に読み終えました。特に仕事の場面で使える考え方、ノウハウが提供されていて、リーダーの役割を担うことへの勇気もいただきました。

CHAPTER 1:「はったり」はいらない／CHAPTER 2:戦略的に「得意なこと」で勝負する／CHAPTER 3:「核心」の能力を集中的に磨き上げる／CHAPTER 4:独特の「脳の特徴」を武器にする／CHAPTER 5:自分を「現実的」に見つめ、受け入れる ／CHAPTER 6:ストレスフリーで「新しい環境」になじむ／CHAPTER 7:仕事の戦場で「味方」を増やす／CHAPTER 8:落ち着いて「もめごと」をさばく／CHAPTER 9:「他人の感情」にいちいち振り回されない／CHAPTER 10:「電話」は難敵にも強い味方にもなる／CHAPTER 11:「交渉」を成功させるカギは聞く力／CHAPTER 12:「出張」で力の浪費を最小限に抑える／CHAPTER 13:外向型文化の中で「バックハンド」で戦う・野心的な内向型／CHAPTER 14:長所を生かせば「イベント」は楽勝である／CHAPTER 15:そもそも、本当に行く必要があるのか?／CHAPTER 16:勝敗は「始まる前」に決している／CHAPTER 17:社交は「戦略」がすべて／CHAPTER 18:人前で話す極意／CHAPTER 19:会議で「隠れる」ことはできない／CHAPTER 20:静かな人は「SNS」を使い倒すべし／CHAPTER 21:「謙虚さ」こそが成功をもたらす／CHAPTER 22:タイプを混ぜれば「最強チーム」ができる／CHAPTER 23:あえて「正反対」の相手とタッグを組む／CHAPTER 24:上司を「管理」して、正当な評価を得る／CHAPTER 25:リーダーに「カリスマ」はいらない／CHAPTER 26:「静かな羊」がライオンを導く

**本書で引用している箇所**

06

ココロクエスト式
# 「引っ込み思案さん」の教科書

ねこひげ先生 著　光文社 2019

ブログ「ココロクエスト～レベルアップ心理学～」から生まれたこの本では、内向的な性格を持つ人々に向けて、心理学の知識を使って人生をよりよくする方法が紹介されています。ねこひげ先生として知られる著者は、自身も内向的な性格であり、その経験や学びを元に、生きづらさや心の疲れに悩む人々に心強いメッセージを届けています。

この本では、やさしい言葉と心温まるイラストが使われており、心理学の知識がわかりやすく解説されています。読者はゲームのように楽しみながら、少しずつレベルアップしていくことができます。心が落ち込んでいるときには心の回復法を見つけることができますし、安定しているときには新たな挑戦に向かう方法を学ぶことができます。心理学の知識をもとにしているため、読者の心の状況に合わせたアドバイスが提供されています。

各章では、自己理解や人間関係、モチベーションの維持、心の癒し方など、日常生活で役立つテーマが取り上げられています。内向的な人々にとっては、勇気を持って挑戦する方法がわかりやすく解説されている本書は、心強い味方となることでしょう。

第1章　自分の性格と向き合うために／第2章　ほどよい距離感で「人間関係」を攻略する方法／第3章　「モチベーション」の育て方／第4章　ひとりでできる「傷ついた心」の回復魔法／第5章　「心とカラダ」のメンテナンス／第6章　引っ込み思案でも「勇者」になる極意

**本書で引用している箇所**

## 07 成功する人は心配性

菅原道仁 著　かんき出版　2017

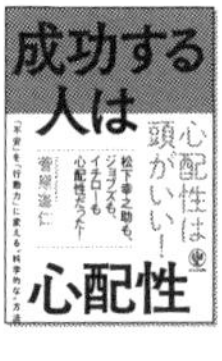


脳神経外科医の著者が、科学的に解説する「心配性」を「行動力」に変える方法。「成功する人はポジティブな人」と思いこんでいましたが、この本を読んで、それは思いこみの1つにすぎないことに気づきました。松下幸之助、スティーブ・ジョブズ、イチロー……成功を収めた人の中の多くは心配性だったと書かれています。

なぜ「心配性」は成功するのか？「心配性」であることを、どのように人生目標をかなえていくための力に変えることができるのか？これらの問いに答えてもらえる本です。

Prologue　「心配性」は武器になる!（心配性は「才能」…どうして不安になるのか？　ほか）／第1章　不安をコントロールするコツ（欲求は「あいまい」に…「極端化」「常識」「空気読みすぎ」が行動を鈍らせる元凶　ほか）／第2章　不安に束縛されないコツ（通勤路を少し変えるだけで思い込みは解除できる…不安なときは情報に触れない　ほか）／第3章　不安を行動力に変えるコツ（「やらなきゃいけない」は「やれることがある」と言い換える…不安を行動力に変える超準備術　ほか）／第4章　行動力を高めるコツ（「人生は3万日」を意識すれば行動が変わる…「行動力」を高める目標設定のコツ　ほか）／Epilogue　成功する人はアグレッシブ・ネガティブ（ポジティブな言葉に惑わされず、ネガティブに一歩を踏み出そう）

**本書で引用している箇所**

第1章　自分の「内向性」を受け入れる

002 「思いこみ」に気づく —— 034

第2章　内向型が「ごきげん」でいる

005 「ネガティブ」の効果を知る —— 044

第4章　内向型の「働き方・キャリア」

038 目標を小さくする —— 126

第6章　内向型が「チャレンジ」する

083 とりあえず手や体を動かす —— 232

089 自信のあるフリをする —— 244

08

## 実は、内向的な人間です

ナム・インスク 著　カン・バンファ 訳　創元社 2020

韓国、中国などで380万部を超えるベストセラー『女の人生は20代で決まる』で新たなトレンドを築き、20〜30代の女性読者から圧倒的な支持と共感を集めた著者であるナム・インスクさんが書かれたエッセイ。

「女性たちのメンター」として愛されており、近年はアメリカでも講演を行うなど、活動の幅を広げていますが、実は内向的な人間だという著者。周りの人からは「内向的」には見られないけど、「実は」という点に共感される方も多いのではないでしょうか。それは、著者いわく「社会性スイッチ」を入れているからです。

彼女の言葉や考え方は、時には共感を呼び起こし、時には励ましを与えてくれます。特に、彼女のエッセイは、ちょっと疲れたときに手に取りたくなるような、心が温かくなる1冊です。その中には、「あるある」とうなずきながら、心に寄り添うような言葉がちりばめられています。

――第1章 内向的な人間として生きるということ／第2章 ピッ！――社会性モードに切り替え中／第3章 ありのままの私をありのままに／第4章 ほんの一歩で充分

**本書で引用している箇所**

09

## 内向型のままでも成功できる仕事術

モラ・アーロンズ・ミリ 著　宮垣明子 訳　辰巳出版 2018

著者のモラ・アーロンズ・ミリさんは、デジタルマーケティング社「Women Online」の創設者として、オバマ元大統領やビル＆メリンダ・ゲイツ財団など、世界のリーダーを顧客に持つ、成功した女性です。そんな彼女自身が内向的な性格であることに悩みを抱えていたことは意外なことかもしれません。彼女は、時にはトイレに隠れることもあると言います。

そのような内向的な性格を持つ彼女がどのようにしてキャリアを築いていったのでしょうか？　彼女は、自らの不安や繊細さを武器に変え、内向的な性格を活かしながら成功を収めていきました。彼女の経験や洞察は、自身が内向的な性格であることを抱える多くの人々にとって、大きな励みとなるでしょう。

この本では、フリーランスや経営者、そして組織に所属する人々に向けて、不安を味方につけるヒントやＳＮＳの活用方法、交渉術などが提供されています。内向的な性格を持つ人々が、外向的なビジネスの世界で成功するためのヒントや戦略が、彼女の経験に基づいて示されています。

---

Prologue　トイレに隠れるということ／Chapter1　不幸ながんばりやさんだったわたし／Chapter2　「リーン・イン」をやめよう／Chapter3　不安という才能／Chapter4　内なる引きこもりを愛そう／Chapter5　ビジョン探し／Chapter6　境界を作る／Chapter7　時間はあなたの味方／Chapter8　ニッチを狙え／Chapter9　引きこもりの起業家／Chapter10　企業の中の引きこもり／Chapter11　自分らしく売り込もう！／Chapter12　自分の交渉術を得よう／Chapter13　ホームオフィスから勝負しよう／Chapter14　外に出よう（必要な時には）

**本書で引用している箇所**

## 10 敏感な人や内向的な人がラクに生きるヒント

イルセ・サン 著　枇谷玲子 訳　ディスカヴァー・トゥエンティワン　2018

ベストセラーとなった『鈍感な世界に生きる敏感な人たち』の著者イルセ・サンさんの著作。牧師や心理療法士として、長年多くの敏感な人（HSP：Highly Sensitive Person）や内向的な人の話を聞いてきた経験から、自分が生きやすいよう人生をコントロールするヒントが6つ書かれています。

この本では、敏感な人や内向的な人の特徴についても詳しく触れています。どちらも物事を深く考え、狭く深い人間関係を築くことを好み、目立つことを避け、控えめな言動をする傾向があります。また、物事を深く考える力や、他人の気持ちを察する力、想像力に富んでいるなど、さまざまな才能を持っていることも強調されています。

全体的にやさしく語りかけてくれる文章で、6つのヒントが心にスッと入ってきます。この本を読んだあとは、無理に頑張ろうとするのではなく、「ありのままの自分でいいんだ」という気持ちになれました。

◎〝敏感な人〟と〝内向的な人〟の特徴／◎ラクに生きるヒント1 過度な刺激から自分を守る／◎ラクに生きるヒント2 堂々巡りの不安を断ち切る／◎ラクに生きるヒント3 日々に喜びや意義を見いだす／◎ラクに生きるヒント4 不快なコミュニケーションを回避する／◎ラクに生きるヒント5 自分に正直な選択をする／◎ラクに生きるヒント6 自分の個性を快く受け入れる

**本書で引用している箇所**

## 11 完全版 社会人大学人見知り学部 卒業見込

若林正恭 著　KADOKAWA/メディアファクトリー　2015

人気お笑い芸人・オードリーの若林正恭さんによるエッセイ集。雑誌に連載されていた人気コラムが書籍化されたものです。「人見知り」である若林さんが芸能界という華々しい世界で体験した苦悩が書かれています。隠すこともなく、ご自身の内面に向き合ったことが文章になっていて、笑えますし共感できます。特に「ネガティブモンスター」の章が、心に残りました。気づけば、心の中の「ネガティブモンスター」が顔を出してしまう経験があるのではないでしょうか。ネガティブなまま楽しく生きられるヒントが得られます。



**本書で引用している箇所**

## 12
# 没頭力
## 「なんかつまらない」を解決する技術

吉田尚記　著　太田出版　2018

「なんかつまらない」と感じたことがある方は多いのではないでしょうか。それを解決する技術が「没頭力」だと著者は言います。元・コミュ障のアナウンサーである吉田尚記（よっぴー）さんが、仕事や勉強を楽しくする「没頭」のスキルについてわかりやすく書いた1冊。

「不安は没頭への入り口である」という考え方には、なるほどと思いました。自分が価値あるものと思っていることに対して「不安」が生まれる、その「不安」に立ち向かうからこそ、「没頭」が生まれると書かれていた一節が印象的です。

1「没頭」を定義する／2「没頭」の仕組み／3「没頭」できる体を作る／4「没頭」するテクニック／5「没頭」を味方につける

**本書で引用している箇所**

第2章　内向型が「ごきげん」でいる

014 「没頭」する ―― 062

## 13 内向的な人のためのスタンフォード流ピンポイント人脈術

竹下隆一郎 著　ディスカヴァー・トゥエンティワン 2019

ハフポスト日本版編集長を務めた後、「ビジネス」＋「学び」に特化した映像コンテンツを発信する「PIVOT」の創業メンバーとなった竹下隆一郎さんの著書。「人脈」というキーワードに何となく苦手意識があったのですが、自分の気の合う人、好きな人と深くつながればいいと気づけました。ピンポイントで人とつながることで、新しい仕事につながったり、自分の人生を豊かにしたりすることができます。

内向的だからこそ、どのように人とつながるか、そこからどうやってビジネスやキャリアを発展させていくかのヒントが得られる1冊です。

**本書で引用している箇所**

第2章　内向型が「ごきげん」でいる

013 相談できる人を持つ――060

## 14

# 静かな力
## 内向型の人が自分らしく生きるための本

スーザン・ケイン 著 グレゴリー・モーン 著 エリカ・モローズ 著 西田佳子 訳
学研プラス 2018

『内向型人間のすごい力』の著者スーザン・ケインさんによる、同テーマのティーン向け版『Quiet Power』の翻訳本です。10代の方々はもちろんですが、内向型の子どもを持つ親御さんや教育関係者にとっても、また内向型の人にとっても、わかりやすく実践に役立つ本となっています。『内向型人間のすごい力』は学問的なアプローチでしたが、こちらの本はエピソードが身近ですし、より実践に近い内容が書かれています。学校や学生生活の例が多いですが、それを自分自身の生活や仕事に置き換えてみることで、自分ごととして捉えることができました。

**本書で引用している箇所**

## 15 内向的な人こそ強い人

ローリー・ヘルゴー 著　向井和美 訳　新潮社　2014

自身も内向的な臨床心理学者であるローリー・ヘルゴーさんが、内向性の価値を真っ正面から擁護し、全米で大反響を呼んだベストセラー。幼い頃から内向的で、10人きょうだいの9番目。他のきょうだいは外向的だったそうです。外向的がよしとされる傾向のあるアメリカ社会のなかで苦労されてきた経験から、内向性の持つ価値に気づき、本書を執筆されたそうです。あるがままの自分を受け入れようと思える本です。

この本は全21章で構成されている大作です。『第六章　北欧と日本——内向的な人にやさしい社会』では、北欧と日本の社会についても触れられていて、著者の分析が興味深い内容でした。

**本書で引用している箇所**


第2章　内向型が「ごきげん」でいる

007「ダメな自分」を受け入れる——048

008「休憩」「休暇」は、あらかじめ計画する——050

012「瞑想」をする——058

第3章　内向型が「人間関係」をつくる・深める

028 イベントやパーティーも時に楽しむ——100

## 16
# 内向型人間がもつ秘めたる影響力
## あなたを取り巻く世界が変わる6つの力の伸ばし方

ジェニファー・B・カーンウェイラー 著 境誠輝 訳 すばる舎 2013

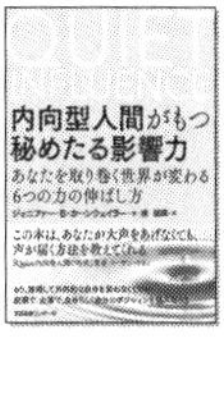


内向型人間と外向型人間の特徴を示唆した第一人者ともいえる著者ジェニファー・B・カーンウェイラーさんによる本。内向型人間が、どうすれば本来の持ち味を活かして、「影響力」を発揮することができるかについて、具体的な6つの方法が紹介されています。

「聴く力」「書く力」など、自分ではあまり気づくことのない力を認識することができました。自分自身の周り、小さな輪であっても、他者に影響を与えることができると勇気をもらえる1冊です。「書く」ことに前向きになり、後押しされました。

**本書で引用している箇所**

## 17 話べたな人の自己表現の本
### もっと自然に「伝える」「主張する」「認めさせる」法

本多信一 著 成美堂出版 2002

内向型向けの本を多数出版されている本多信一さんの著書。現代職業研究所を創設して個人のための人生・職業無料相談を開始。手紙も含め1万数千人の生きる手助けをしてきたそうです。その経験から、話べたな人がどのように「自己表現」をするかについて述べています。

私自身、「なかなかうまく伝えられない……」「もっと話し上手だったらよかったのに……」と思うことがよくあったのですが、話がうまくなかったとしても、相手に自然に伝わる方法があると知りました。口数が多いことがよいわけではない、口数が少なかったとしても、相手に心地よく伝わればいいと思えるようになりました。無理のない「自己表現」の方法が学べる1冊です。

**本書で引用している箇所**

## 18

# 〝内向型〟のための雑談術

## 自分にムリせずラクに話せる51のルール

渡瀬謙 著　大和出版 2010

子どもの頃から口ベタ、人見知りで、小中高時代はクラスで一番無口な性格だったという著者の渡瀬謙さん。超内向型の性格でしたが、リクルートで営業をやっていたときには、入社10ヶ月で全国営業達成率トップを達成。それがビジネス書を執筆するキッカケとなったそうです。内向型向けの本も多数出版されています。

この本は、「3分間でいいから会話を続けたい」という人向けに書かれた本です。初対面の人と会うときは特に緊張しますが、初対面のときでも使える方法など、全部で51のルールが書かれています。

**本書で引用している箇所**

第3章　内向型が「人間関係」をつくる・深める

19

## 人見知り芸人に学ぶ ムリをしない社交術
### 内向型のまま幅広く社交する方法

田中イデア 著　立東社 2014

放送作家である田中イデアさんが、ご自身の経験から得た知見をもとに、内向的な人が無理をせずに人間関係を広げ、仕事を増やしていく方法をまとめた1冊。目の前で、多くの「人見知り芸人」が内向的な性格のままで成功を収める様子を見てきたとのことです。その貴重な経験から得られたノウハウが、この本に詰め込まれています。

この本には、お笑い業界に限らず、あらゆる場面で役立つ「社交術」が解説されています。たとえば、内向的な性格の短所を隠す方法、長所を活かす方法、社交的に振る舞う方法、自分の意見を伝える方法など、幅広いテーマが取り上げられています。

**本書で引用している箇所**

第3章　内向型が「人間関係」をつくる・深める

020 「味方」を1人ずつつくる――078

035 「ありがとうございます」を多用する――116

第4章　内向型の「働き方・キャリア」

050 勉強会を「主催」する――154

## 20 人見知りでもセレンディピティ

### 身近な奇跡が爆増する20のルール

林勝明 著　飛鳥新社　2020

「セレンディピティ」という言葉を聞いたことはありますか。

この本では、「身近な奇跡」と表現されています。あるいは、「偶然」とも言えます。

親友やビジネスパートナーなど、唯一無二の関係性は、「たまたま知り合って」生まれるケースが多いのです。これこそが、まさに「セレンディピティ」の真髄です。実は、セレンディピティは誰にでも起こり得るもの。その背後には再現性のある簡単なコツがあるのです。この本では、そのコツを、どなたでも簡単に実践できる方法で具体的に解説しています。

**本書で引用している箇所**

第3章　内向型が「人間関係」をつくる・深める

## 21 コミュ障は治らなくても大丈夫

### コミックエッセイでわかるマイナスからの会話力

水谷緑 著 吉田尚記 著 KADOKAWA 2016

元コミュ障のアナウンサーである吉田尚記（よっぴー）さんが、ご自身のうまくいかなかった体験をもとに書いたコミックエッセイです。コミュ障がアナウンサーになって、人の目を見てしゃべれなかったところから、１０００本ノックをしたり、「聞くこと」から始めたり、「質問」の方法を試行錯誤したり、どのようにコミュニケーションがうまくいくようになったのか。追体験しながら、コミュニケーションのコツを学ぶことができます。

**本書で引用している箇所**

第３章　内向型が「人間関係」をつくる・深める

033 「あいづち」のバリエーションを持つ ―― 112

## 22 元コミュ障アナウンサーが考案した 会話がしんどい人のための 話し方・聞き方の教科書

吉田尚記 著　アスコム 2020

元コミュ障のアナウンサーである吉田尚記（よっぴー）さんによる、やさしいコミュニケーションの教科書です。コミュニケーションに悩んでいる約30名のメンバーと著者、専門家が1つのチームとなり、「どんなことに悩んでいるか」「どうすれば解決ができるか」を話し合い、実践しながらつくり上げた1冊だそうです。

著者が試行錯誤しながら20年かけて編み出した会話術を、コミュニケーションに関する専門家3名がアドラー心理学、脳科学など、専門的な視点から検証。具体的な悩みに沿った「話し方・聞き方」の武器24個が収録されています。

**本書で引用している箇所**

## 23

# 人と会っても疲れない コミュ障のための聴き方・話し方

印南敦史 著　日本実業出版社　2017

コミュ障であることに悩んできたという著者の印南敦史さん。作家、書評家、編集者として仕事をする中で、いろいろな人に取材するなどのコミュニケーションが発生します。今では、人と会って話を聴く、もしくは話をすることがとても好きになったそうです。どのようにコミュ障を脱却してきたのか、実践してきた聴き方・話し方のルールは何か、その答えが書かれている本です。

「コンプレックスは可能性と比例する」など、心に留めておきたい言葉がいくつもありました。

**本書で引用している箇所**

第3章　内向型が「人間関係」をつくる・深める

022 「準備」と「フォロー」をセットにする――086

031 短くてわかりやすい文章にする――108

## 24
# 口下手で人見知りですが、誰とでもうちとける方法、ありますか？

高石宏輔 著　アスコム２０１８

心理療法とボディワークを合わせたカウンセリングが人気のカウンセラー・高石宏輔さんの本。テクニックもいらない、性格も変えなくていい。コミュニケーションスキルを高める身体トレーニングという、これまであまり考えたことのないアプローチでした。

たとえば、人前で話さなければいけないときなど、緊張すると体が硬直していることに気づきます。まずはその状態に自分自身が気づき、体をゆるめることで、緊張が和らぎます。話す相手との物理的な距離や、向き合い方を調整するだけでも、コミュニケーションしやすくなるのは発見でした。

**本書で引用している箇所**

第３章　内向型が「人間関係」をつくる・深める

032 相手のトーンに合わせる——110

## 25

# 内向型人間のための伝える技術

望月実 著　CCCメディアハウス 2014

公認会計士として多数の著書が出版されている望月実さんによる本。長年コミュニケーション面で多くの不安を抱えてきた内向型の著者が、どのように自分の考えを「伝える技術」を磨いてきたのかがわかります。特に仕事の場面では、相手にとって論理的でわかりやすく伝えることが必要になりますが、その方法がプロセスに沿って説明されています。

特に、論理的に考え、伝えることに課題を感じている方におすすめの1冊です。

**本書で引用している箇所**

第3章　内向型が「人間関係」をつくる・深める

027 興味があるテーマの「コミュニティ」に参加する――098

## 26 コミュ力なんていらない
### 人間関係がラクになる空気を読まない仕事術

石倉秀明 著　マガジンハウス 2020

仕事にはコミュ力が必要。
何となくそう思っていたところがあったのですが、いい意味でその思いこみが覆されました。
経営者である石倉秀明さんが、コミュ力がなくても仕事で成果を出す方法について述べている本です。「コミュ力」について、因数分解して整理されていることで、漠然とした不安から解放されました。
石倉さんの経験に基づいた「仕事術」は、今すぐに実践できるものばかりです。特にリモートワークが広がってきた昨今、どうやって周りと協力しながら仕事を前に進めていくかに悩まれている方におすすめです。

**本書で引用している箇所**

第3章　内向型が「人間関係」をつくる・深める

032 相手のトーンに合わせる——110

27

# 引っこみ思案な自分をラクにする本

## 最初の一歩が簡単に踏み出せる方法

スーザン・ジェファーズ 著　佐藤綾子 訳　大和書房 2002

イギリスのタイムズ紙が「自己啓発の女王」と呼ぶ、世界屈指の自己啓発家であるスーザン・ジェファーズさんの著書。引っ込み思案な人が、どのように最初の一歩を踏み出すことができるか、その方法について書かれています。

その中で強調されているのは、「もらう人」ではなく「与える人」になることの大切さです。でも、1日にしてそれが実現できるわけではありません。日々のトレーニングや習慣の積み重ねが必要であり、その方法を学ぶことができます。

**本書で引用している箇所**

第3章　内向型が「人間関係」をつくる・深める

024 5分でできることを「ギブ」する——090

## 28

# コミュ力ゼロからの「新社会人」入門

## 仕事の不安がスッキリ解消！　厳選メソッド49

渡瀬謙 著　インプレス　2019

内向型の本を多数出している渡瀬謙さんの「新社会人」向けの本。新社会人はもちろん、あらゆる内向型のビジネスパーソンに役立つ内容が書かれています。

たとえば、コミュニケーションがラクになる7つのメソッド、しゃべりが苦手な人のための7つの「会話の基本」、具体的なシチュエーション別の会話テクなど、仕事の不安に対して網羅的に答えてくれる1冊です。

**本書で引用している箇所**

第3章　内向型が「人間関係」をつくる・深める

028 イベントやパーティーも時に楽しむ——100

## 29

# 内気が苦にならなくなる本
## チャンスを逃さず、前向きに生きるコツ

青木匡光 著　法研　2003

この本では、内気な人たちが人間関係を前向きにとらえて人づきあいが展開できるよう、しなやかに生きるためのステップがわかりやすく紹介されています。著者である青木匡光さんは、現代を「ゆさぶりの時代」と表現しています。人の心をゆさぶり動かす力が大切で、そこに内向的な人の才能が活かされるとのことです。自分会社のオーナーになるという考え方や、自分を磨いて味方をつくる方法など、人生が豊かになる秘訣を知ることができます。

**本書で引用している箇所**

第3章　内向型が「人間関係」をつくる・深める

029 「アイ・メッセージ」で伝える――104

30

## 仕事・人間関係・人生が好転する！「内向型の自分を変えたい」と思ったら読む本

渡瀬謙 著 PHP研究所 2017

こちらも内向型の本を多数出している渡瀬謙さんの1冊。「内向型の自分を変えたい」と思ったら読む本です。「40歳を過ぎるまで、ずっと自分の性格に苦しんでいた！」というご自身の経験をもとに6つのステップが解説されています。

具体的には、①「本当の自分」を知る ②「いまの自分」を受け入れる ③人に伝える ④足場を固める ⑤自分の活かし方を見つける ⑥自分を認める、の6つです。

ステップが丁寧に解説されているので、ひとつひとつ確認しながら読み進めることができます。

**本書で引用している箇所**

第4章 内向型の「働き方・キャリア」

044 「80点」でOKとする——140

## 31

# もう内向型は組織で働かなくてもいい

## 「考えすぎるあなた」を直さず活かす5ステップ

堤ゆかり 著　世界文化社 2020

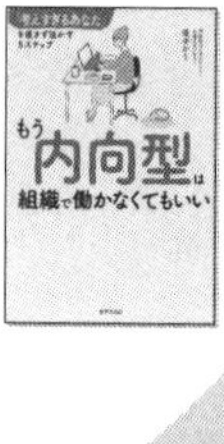


内向型コンサルタント・心理カウンセラーである著者の堤ゆかりさんが、組織以外で自分らしく働く方法をわかりやすく解説している本です。「組織で働くのは向いてないのでは」と思われる方におすすめです。

とは言っても、いきなりフリーランスや独立するのにハードルを感じる方もいらっしゃるかと思います。まずは小さく副業を始めてみる、組織以外で自分の強みを活かしてみるなど、具体的かつ実践的なステップが学べる1冊です。

**本書で引用している箇所**

第4章　内向型の「働き方・キャリア」

037 結果目標ではなく「行動目標」を立てる――124

048 自分なりの判断基準で今の組織を評価する――148

32

# 内向型人間だからうまくいく

カミノユウキ 著　祥伝社 2020

内向型プロデューサーとして活動している著者のカミノユウキさんが、内向型人間の長所を活かした働き方と生き方を提案。わかりやすく、すぐに使えるノウハウが満載な1冊です。図解やかわいいイラストもあり、ひとつひとつのノウハウも凝縮されているので、一気に読み進めることができます。まずは、どれか1冊読んでみたいという方への最初の1冊としておすすめです。

**本書で引用している箇所**

33

# 99%の人が知らない「内向型な自分」の磨き方

榎本博明 著　経済界　2012

内向的な心理学博士である榎本博明さんが書かれた本。内向型の性格を活かす方法が、80の項目にまとめられています。タイトルにあるように、自分のよいところや、その磨き方には、意外と自分では気づかないものではないでしょうか。たとえば、自分との向き合い方、人間関係、会社との関係、ストレスとの向き合い方など、自分の特性をどう活かすかを後押ししてくれる1冊です。

**本書で引用している箇所**

## 34

# 〝内向型〟のための「営業の教科書」

## 自分にムリせず売れる6つのステップ

渡瀬謙 著 大和出版 2020

一見、内向型と縁遠い職種と思われるのが「営業」ではないでしょうか。でも、この本は内向型のための営業の教科書として、新たな視点を与えてくれます。

私自身も、「営業」と言われると、「自分にはぜったい無理」と思っていました。営業の職種としての経験はありませんし、その世界には入り込めないと思っていました。でも、自社の商品やサービスを紹介し、応援いただける方を増やすための工夫（営業活動）は、何度も経験してきました。この本では、内向型の人が営業に取り組む際の心構えやアプローチが、６つのステップで詳細に解説されています。自分に合った方法で、効果的に営業活動を行うためのヒントが満載です。

**本書で引用している箇所**

第４章　内向型の「働き方・キャリア」

039 仕事は「作業」×「方法」で考える——128

35

# 一流は知っている！ ネガティブ思考力

榎本博明 著　幻冬舎　2016

内向的な心理学博士である榎本博明さんによる本。あえて「ネガティブ」をタイトルに入れ、世の中にあふれたポジティブ信仰に警鐘を鳴らしています。ネガティブな感情に対しても肯定的な側面があり、それを理解することで、自分の感情をより受け入れられるようになるのです。特に、6章の「不安をポジティブに活かす」は、心に深く響きました。この章では、不安や心配な感情が実は私たちにとって重要なサインであることを説明し、それらをポジティブに変換する方法が解説されています。ネガティブな感情を否定せずに、受け入れることで、自己理解が深まり、より豊かな人間関係や充実した人生を築くことができます。

**本書で引用している箇所**

第4章　内向型の「働き方・キャリア」
055 ちょっとずつ「できること」を増やす —— 168

第6章　内向型が「チャレンジ」する
097 「葛藤」を分析する —— 260

## 36 ひっこみ思案のあなたが生まれ変わる科学的方法

アンディ・モリンスキー 著 花塚恵 訳 ダイヤモンド社 2017

「ハーバード×心理学」が教える、引っ込み思案が生まれ変わる科学的メソッドが1冊に集約されています。引っ込み思案の人が、なぜコンフォートゾーンから抜け出せないのかを科学的に解説し、それを克服する方法が具体的に解説されています。小さく行動を変え、新しい習慣をつくると、人生が拓けていくことが実感できます。

**本書で引用している箇所**

37

# 口下手・弱気・内向型のあなたのための弱みが強みに変わる逆転の心理学

神岡真司 著　ディスカヴァー・トゥエンティワン 2018

ビジネス心理研究家の神岡真司さんによるこの本では、内向型の人々が、人間関係において相手との関係性を変え、自信を持つことができるようになるための戦略が提案されています。たとえば、「立場が弱い」と思うときに自分の立場を逆転させる方法や、苦手な人とのコミュニケーション術、「ここぞ」の場面で効く「魔法のフレーズ」などのノウハウが解説されています。

**本書で引用している箇所**

第6章　内向型が「チャレンジ」する

090 「目的」を言葉にする——246

38

## 何でもないことで心が疲れる人のための本
## 「隠れ内向」とつきあう心理学

榎本博明 著　日経BP 2021

もしかしたら「隠れ内向かも」と思われる方におすすめの1冊です。一見すると明るく、社交的で人懐っこいように見えることが多い。でも、その背後には内向的な性格が隠れており、周囲の人も自分自身もそのことに気づいていないことがよくあるそうです。この本は、そんな「隠れ内向」の方に向けて、自分の心のクセを把握し、それを強みに変えるためのヒントが提供されています。

**本書で引用している箇所**

第4章　内向型の「働き方・キャリア」

036 集中できる環境をつくる——122

39

# 人見知りが治るノート

反田克彦 著　すばる舎 2014

人見知り、あがり症、引っ込み思案の悩みを抱えている方におすすめの1冊。「認知行動療法」を使って、誰もが持っている「あがり症」や「引っ込み思案」の傾向を和らげていきます。認知行動療法とは、「考え方が行動の選択に影響を与える」仕組みを利用し、心の問題を解決するツールとして知られています。

この本では、体や気持ち、考え方、行動といった要素を修正することで、苦手なことへの取り組みを少しずつ減らしていく方法が詳しく解説されています。さらに、随所に書き込みができるノート形式（ワークブック）となっており、ご自身の状況に合わせて具体的なアプローチをすることができます。

**本書で引用している箇所**

第4章　内向型の「働き方・キャリア」
038 目標を小さくする――126

## 40 ガンディー 強く生きる言葉

佐藤けんいち 著　ディスカヴァー・トゥエンティワン 2020

内向型のリーダーシップを発揮したガンディーの名言集。ひとつひとつの言葉に励まされ、背中を押してもらえる1冊です。ガンディー自身、『自伝』のなかで、少年時代から青年時代にかけてシャイな性格で引っ込み思案だったことを告白しています。「思想家でも哲学者でもなく、実践家であった」とあるように、実践を積み重ねたガンディーだからこその言葉が心に響き、内なるリーダーシップを呼び起こしてくれます。

**本書で引用している箇所**

第1章　自分の「内向性」を受け入れる
001 内向型の「特性」を知る——032

第5章　内向型が「リーダーシップ」を発揮する
062 相手の「よいところ」を言葉にする——186

41
# ローザ・パークス自伝
## 「人権運動の母」が歩んだ勇気と自由への道

ローザ・パークス著　高橋朋子訳　潮出版社　2021

ローザ・パークスの自伝は、人種差別撤廃運動の原点として、その重要性が世界中で認識されています。この自伝には、彼女がどのようにして内向的な性格を活かしながら、歴史的なリーダーシップを発揮していったのかが描かれています。

「人権運動の母」と称される彼女の歩んだ道は、まさに、勇気と自由への道のりです。彼女は、ただ単に自らの権利を求めるだけでなく、アメリカ全体の社会的な構造を変えるために闘い、不動の信念を貫いてきました。

この自伝を通じて、彼女の偉業に対する理解が深まるだけでなく、彼女が内向的な性格を活かし、世界を変えるために果敢に立ち上がった様子に感銘を受けることでしょう。

**本書で引用している箇所**
なし

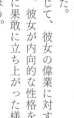

## 42 ウォーレン・バフェット 成功の名語録

### 世界が尊敬する実業家 103の言葉

桑原晃弥 著 PHP研究所 2012

内向的な投資家であり、世界的な大富豪であるウォーレン・バフェットの名言を集めた名語録は、彼の仕事や人生に対する深い洞察力と賢明さが凝縮されています。

彼の言葉には、賢人としての経験に裏打ちされた貴重な教訓が込められています。その名言録は、バフェットが投資家としてどのように銘柄を選択し、成功への道筋を描いてきたか、また貪欲さや熱意の重要性、時間やお金の管理、人との関係性の構築方法など、様々な側面にわたっています。読み進めるうちに、バフェットの成功の秘訣に迫ることができ、その言葉に心が動かされることでしょう。

**本書で引用している箇所**

43

## ビル・ゲイツの思考哲学

HOW TO THINK LIKE Bill Gates

ダニエル・スミス 著　文響社 2022

全世界13カ国で翻訳された「すごい人の思考が学べる本」。内向的なリーダーシップの模範として知られるビル・ゲイツ。彼の有名なエピソードや発言を通して、成功の秘訣である「ビル・ゲイツの思考哲学」に迫れる1冊です。

ゲイツは常に自分の信念に従い、はみ出し者であることを誇りにしてきました。成功に欠かせない仲間を集めることの重要性も強調しています。

**本書で引用している箇所**

44

# Third Way 第3の道のつくり方

山口絵理子 著　ディスカヴァー・トゥエンティワン　2019

「途上国から世界に通用するブランドを創る」を理念に掲げている「マザーハウス」創業者である山口絵理子さんの著書。タイトルにある「サードウェイ」というのは、「第3の道」という意味。世の中には、ほとんどすべてのものごとに、2つの軸が存在します。たとえば、男と女、先進国と途上国など。ときに、これらは反発し、2つの妥協点を見出そうとしてしまいます。でも、そうではなく新しい掛け算を生み出すための「第3の道」をつくる考え方がこの本には書かれています。

ご自身のことを、どちらかというと「内向的」だと本書に書かれています。「自分」と向き合うことを大切にしつつも、どのように「他者」視点を持つかについて書かれた章が、特に心に響きました。

**本書で引用している箇所**

第5章　内向型が「リーダーシップ」を発揮する
060 「弱さ」を見せる――182

## 45

# 静かな子どもも大切にする
## 内向的な人の最高の力を引き出す

クリスィー・ロマノ・アラビト 著 古賀洋一・山﨑めぐみ・吉田新一郎 訳 新評論 2021

内向型の子どもや学生と接する機会がある方には、この1冊がおすすめです。この本では、「静かな子ども」が持つ潜在的な力を引き出す方法や、コミュニケーションを築くための具体的な実践法が書かれています。

「静かな子ども」も力を発揮できる環境のつくり方や、コミュニケーションの構築の仕方を紹介していきます。たとえば考える時間を大切にする姿勢、それぞれに合った表現方法の見つけ方、教室環境のちょっとした工夫、ＩＣＴを活用してのコミュニケーションの方法など、具体的な実践法が満載です。

**本書で引用している箇所**

第5章　内向型が「リーダーシップ」を発揮する

068 ここぞというときに「本質」を突く発言をする――198

## 46
# 最高のリーダーは何もしない 内向型人間が最強のチームをつくる！

藤沢久美 著　ダイヤモンド社 2016

著者の藤沢久美さんは、1000人以上の社長に取材を行い、その経験をもとに内向型リーダーについての新たな視点を提供しています。この本には、6つの発想転換と内向型リーダーの要素が詳細に書かれています。

内向的で、心配性で、臆病で、繊細な性格が、なぜ、優れたリーダーにとって重要な共通点なのかが明らかにされています。その秘訣は、「静かなリーダーシップ」にあります。ビジョンによって人々を動かす方法や、自己躍動するチームをつくるための手法を通じて、リーダーシップの本質を学ぶことができます。経営者や管理職だけでなく、チームリーダーにとっても役立つ考え方やノウハウが満載です。

**本書で引用している箇所**

## 47 優れたリーダーはみな小心者である。

荒川詔四 著　ダイヤモンド社 2017

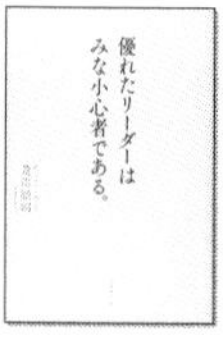


日本を代表するグローバル企業・ブリヂストンで、全世界14万人のトップを務めた著者・荒川詔四さんが教える「リーダーシップの教科書」。「繊細さ」「心配性」「小心者」というキーワードがリーダーにどう活かされるかが理解でき、視座が上がる1冊です。「自信がないのが武器である」「心配性だから先見の明が育つ」「臆病者ほど決断力がある」など、「本物のリーダー」になるための25の鉄則が学べます。

**本書で引用している箇所**

48

## 頼めない・叱れない・人間関係が苦手……
# 内向型人間のリーダーシップにはコツがある

渡瀬謙 著　大和出版　2013

こちらも内向型の本を多数出版されている渡瀬謙さんの1冊。内向型ならではのリーダー像があり、内向型でもできる、むしろ内向型リーダーにしかできない優れた部分がたくさんあると気づかせてくれる本です。メンバーとの人間関係、「ほめ方」「叱り方」「任せ方」、ピンチのときにどのように振る舞うかなど、自他ともに認める超内向型の著者が実践してきたリーダーシップの39のルールが学べます。

**本書で引用している箇所**

49

# とにかくやってみよう

## 不安や迷いが自信と行動に変わる思考法

スーザン・ジェファーズ 著 山内あゆこ 訳 海と月社 2009

こちらも世界屈指の自己啓発家であるスーザン・ジェファーズさんの著書。100ヵ国以上で読まれている世界的ベストセラーの翻訳版です。「不安なのは成長している証拠」という言葉など、不安に対する考え方を変えてくれます。不安が行動に変わるステップが具体的に書かれている1冊です。読んでいるだけで、チャレンジする意欲が湧いてくるでしょう。

**本書で引用している箇所**

## 50 あなたの不安を解消する方法がここに書いてあります。

吉田尚記 著　河出書房新社 2020

不安やコミュニケーションの壁にぶつかることは、誰にでもあることです。そのような悩みを抱える方に、心強い1冊です。この本では、不安の正体やコミュニケーションの原則が、わかりやすく解説されています。14歳向けに書かれたシリーズなので、どなたにでも読みやすく、理解しやすい内容となっています。

この本の素晴らしいところは、解決策が理論ではなく、実践的な方法で提案されていることです。たとえば、知らない人に話しかけてみるなどの、不安を軽くするためのアプローチが具体的に示されています。人生において、ユーモアや興味を持つことが、不安や悩みを軽減し、前向きな行動を促すことにつながります。「不安は社会の原動力」という言葉も、心に響きました。

**本書で引用している箇所**

第6章　内向型が「チャレンジ」する

081 具体的な「動作」にする —— 228

内向型の私が、自分をさらけ出して本を書くのには、とても勇気がいりました。

恥ずかしさに加えて、「ネガティブな反応をもらったらどうしよう……」「私が書く意味があるのだろうか……」「なんで、いつまで経っても自信がないんだろう……」などと、考え出すとキリがない不安や恐れがあったからです。

そんな私の背中を押していただいたのが、NewsPicks主催『次世代ビジネス書著者発掘～「世界に影響を与える人」に影響を与える著者への道～』の講座です。実は、第1期に参加する勇気がどうしても出ず、悩みに悩んで断念した経緯がありました。約2年後に行われた第2期のタイミングで、思い切って飛び込んでみたのです。

講師は、数々の有名著者を発掘してこられた、ディスカヴァー・トゥエンティワン創業社長であり、現在は、BOW BOOKS代表の干場弓子さんです。

内向型の私には、講座のなかで大勢の前でフィードバックを受けなければいけないなど、しんどいことも多くありました。また、「世の中にあふれるほど名著があるのに、私が本を出すなんてできるのだろうか……」などと、何度も落ち込みました。

でも、改めて自分と向き合うなかで、明確になったのは自分のミッション（使命）です。

## ひとりひとりが可能性を解放するキッカケをつくる

自分の特性には、なかなか自分では気づけないものかもしれません。コミュニティ運営をキッカケにいろいろな人と関わるようになってみて、自分の特性を活かせず悩んでいる人が多いことに気づきました。

たとえば、新しい環境になかなか馴染めず、自分だけが取り残されたような感覚になったり、「何を考えているのかわからない」と周囲の人に誤解されたりすることもあります。外向型の人が注目されやすく、「自分は認められていない」と感じたり、無理に外向型の振る舞いをすることで劣等感や自己否定に陥ったりすることもあるでしょう。

でも、ご自身が思っている以上に、内向型が持っている潜在能力を「強み」として発揮できることにも気づいたのです。たとえば、内向型の人がファシリテーションをするときには、静かな人の話にも耳を傾けてくれるので、安心して参加できます。「そんなところまで見てくれていたんだ」と驚くようなフィードバックをくれることもあります。本質的な問いを投げかけてくれたり、本質を突いたコメントをしてくれたりもします。私自身、内向型の方々の強みによって救われたことは、数えきれません。

また、自分の特性に気づき、活かす方法がわかるようになると、自分にも周りにもよい影響が広がっていくことも実感しています。

私自身のこれまでの経験を本にすることによって、自分と近しい特性の方々に向けて、可能性を広げる小さなキッカケをお伝えできるかもしれないと思いました。そして、これまで本に救われてきたから、本だからこそ伝えられることにも気づいたのです。

本書の企画を採用いただいてから1年間。自分自身と改めて向き合いながら、小さなキッカケで内向型の方が可能性を広げられる実践方法を1つ1つ形にしていったのが本書となります。気づけば、9万字を超えていました。

干場さんには、素人の私に伴走いただき、内向型が進めやすい方法を一緒に模索してくださいました。何度も挫折しそうになっていた私を励ましていただいたおかげで、こうやって形にすることができました。本当にありがとうございます。ともに伴走、編集してくださった干場康平さんにも大変感謝しております。

本書は、今までの社会人生活で私が学んできたこと、実践してきたことが土台となっています。本書のためにヒアリングにご協力いただいた約20名の内向型のみなさん、ゆるい企画の段階で共感いただいたことが大きな励みになりました。

5年間のコミュニティ運営のなかで関わっていただいているメンバーのみなさん、活動を応援してくださっているみなさん、おかげさまで活動が継続でき、私自身にたくさんの変化が生まれております。そのなかで得られた気づきと学びが本書につながりました。また、一緒に働いてきたみなさん、私の特性が活かされるようご協力いただいたこと、大変感謝しております。これまでの出会いが何1つ欠けても今の私はありません。お名前を全て挙げきれずに大変恐縮ですが、おひとりおひとりに、この場をお借りして厚くお礼を申し上げます。

いつもそばで支えてくれる友人と家族にも、感謝の気持ちを改めて伝えさせてください。

最後まで読んでいただき、ありがとうございます。

本書がご自身の可能性を拓くキッカケになるのを心より願っています。もしよろしければ、ぜひ気づきやご感想を、SNSなどでお寄せいただけますとうれしいです。

2024年3月吉日　静かにひとり過ごす自宅の部屋にて

鈴木奈津美（なつみっくす）

著者紹介

## 鈴木 奈津美（なつみっくす）

東京都出身。青山学院大学卒業。会社員と一般社団法人母親アップデート・代表理事の複業。組織開発やリーダーシップなどの講座を展開する。

小さい頃から静かで控えめで目立たず、自身の内向性にコンプレックスを感じる。大学卒業後、2002年に日本ヒューレット・パッカード株式会社に就職。

「自己アピールしなくても誰かが認めてくれるはず」と思っていたが、何のキャリアアップもないまま30代に。焦りを感じ、社内異動や転職にチャレンジするも、何度も失敗。本をキッカケに「内向型の自分を変えるのではなく、強みを活かせばいい」と気づいてからは、人生が好転。

「ひとりひとりが個性と可能性を解放する」ことの大切さを実感し、2019年に母親アップデートコミュニティを設立。活動を広げていくため、2020年に一般社団法人母親アップデートを起業。毎週実施しているイベントは累計1,000回以上、累計有料会員は500名以上に。この経験を活かし、組織開発やリーダーシップなどの講座を展開。2022年には人生初めての転職をし、ひとりひとりが可能性を解放するキッカケをつくるため活動中。

X（旧Twitter）↓

BOW BOOKS 025

# I型（内向型）さんのための100のスキル

発行日　2024年4月30日　第1刷

著者　鈴木奈津美
発行人　干場弓子
発行所　株式会社BOW&PARTNERS
https://www.bow.jp　info@bow.jp
発売所　株式会社 中央経済グループパブリッシング
〒101-0051　東京都千代田区神田神保町1-35
電話 03-3293-3381　FAX 03-3291-4437
ブックデザイン　池上 幸一
編集協力＋DTP　BK's Factory
校正　文字工房燦光
印刷所　中央精版印刷株式会社

 ISBN978-4-502-50461-7

BOW BOOKS

## 時代に矢を射る　明日に矢を放つ

WORK と LIFE の SHIFT のその先へ。
この数年、時代は大きく動いている。
人々の価値観は大きく変わってきている。
少なくとも、かつて、一世を風靡した時代の旗手たちが説いてきた、
お金、効率、競争、個人といったキーワードは、もはや私たちの心を震わせない。
仕事、成功、そして、人と人との関係、組織との関係、
社会との関係が再定義されようとしている。
幸福の価値基準が変わってきているのだ。

では、その基準とは？　何を指針にした、
どんな働き方、生き方が求められているのか？

大きな変革の時が常にそうであるように、
その渦中は混沌としていて、まだ定かにこれとは見えない。
だからこそ、時代は、次世代の旗手を求めている。
彼らが世界を変える日を待っている。
あるいは、世界を変える人に影響を与える人の発信を待っている。

BOW BOOKS は、そんな彼らの発信の場である。
本の力とは、私たち一人一人の力は小さいかもしれないけれど、
多くの人に、あるいは、特別な誰かに、影響を与えることができることだ。
BOW BOOKS は、世界を変える人に影響を与える次世代の旗手を創出し、
その声という矢を、強靭な弓（BOW）がごとく、
強く遠くに届ける力であり、PARTNER である。

世界は、世界を変える人を待っている。
世界を変える人に影響を与える人を待っている。
それは、あなたかもしれない。

代表　干場弓子